風刺画とジョークが描いた
ヒトラーの帝国

若林 悠｜著　芝 健介｜監修

現代書館

ヤコブス・ベルゼン〈独〉

1932年。

キャプション

「ヒトラー氏が口にする『合法』という言葉の使い勝手」

◉「合法」と書かれた口の中から武器を持って出てこようとする突撃隊。

　ナチス・ドイツ成立の前年、ヴァイマル共和国時代に描かれたドイツ作品。ヴァイマル共和国ではもちろん暴力は違法ですが、ヒトラーが政権を獲れば暴力が法で保護されてしまうのだと、警戒を呼びかけています。

ヒトラーは演説はうまいが算数は苦手だった。
「千年帝国」と言っていたが数えてみたら一二年だ。
九八八年も間違っている。

アドルフ・ヒトラーは人類史上、最も多くの風刺画に描かれた人物です。

第一次世界大戦敗戦後の困窮するドイツに現れた浮浪者のような男は、過激な演説と過激な行動で注目を浴び、失業者からも資本家からも支持を得てドイツ総統へと上りつめました。「大ドイツ帝国建設」と「ユダヤ人排除」を叫ぶ男が創った、熱烈で奇怪な暴力国家。「知の国ドイツ」に暮らしていた教養の高い国民は、ヒトラーとヒトラーの創った国家に忠誠を誓い、「総統神話」が形成されます。

地上にわずか一二年しか存在せず、すでに消滅した幻の帝国は、今なお世界の「悪のシンボル」として、テレビ、映画、小説、漫画、ゲーム、音楽、政治家たちの発言などに頻出し、まるで衰えない現役感を放っています。ナチス・ドイツは未来永劫、この地位を保つでしょう。第三次世界大戦が勃発して新たな巨悪が生まれれば別ですが、その時は人類史そのものが終わります。

前著『風刺画とアネクドートが描いたロシア革命』（二〇一七年）で、当時、描かれた風刺画と今に伝わるジョークを使って歴史を振り返る……という企画を立てたところ、ロシア革命の風刺画本は日本初だったため、いろいろな方に喜んでいただけました。（「本当は見たくなかった」とのご意見もいただきました）。それなら、風刺画界の頂点に立つヒトラーについても、ご興味ある方がいらっしゃるだろうと思い、本書を上梓します。

ナチス・ドイツ成立までは主に国内、成立後は主に国外で描かれた面白い風刺画やプロパガンダ作品がたくさんあります。ナチス支持者が急増した一九三〇年代初頭には、危機感を強めた国内反対派が、また、ナチスが政権を獲ってからは外国が、こぞってナチス批判画を描きました。

ナチス風刺画は数が多い割に日本で紹介されたことはほとんどないため、掲載作の九割くらいは日本初のご紹介となります。一般的な一枚絵の風刺画に加え、コマ割り漫画、童話、落語（これは戦前の日本作品）など、珍しいものを優先的に入れました。

また、ドイツ国内外で作られたヒトラー・ジョークも傑作が多いです。中には収容所でユダヤ人が作ったものもあるようです。「地獄の環境下で正気を保つために、無理にでもジョークを言って現実を客観化しようと努めた」のだと、終戦後に解放された生存者が証言しています。

本書はヒトラーの人生とその国家をユーモアで綴った内容です。ただ、私は風刺画を集めている者であって、歴史家ではありません。ですので、「歴史の詳細を知った上で資料として風刺画を眺める」のではなく、「先に風刺画を集め、その意味を知るために後から歴史を調べる」という、通常とは逆の手順を踏んでいます。しかし、その方法で思いもよらず、忘れたい人が多いために置き去りにされた事実や、さらに進んで人工的に改変された歴史が浮かび上がってくることがあるのです。

そのあまりに極端な例が「ロシア革命」だったのですが……、「ヒトラー」はどうでしょうか？　ナチスで笑いながら、ナチスを笑いながら、意外な発見も含まれていたら幸いです。

若林　悠

1	2
3	4

ヨーロッパ漫画は
この順番で読みます

アーサー・シイク〈米〉
一九四二年。
キャプション
「サタンが地球をリードする」

30
SILVER PIECES
30 DENIERS

欧米には国家を擬人化したキャラクターがいます。

独・ミヒャエル（Michael）

◉あだ名はミヒェル（Michel）ナイトキャップ型の帽子の若者

伊・トゥッリタ

◉城壁型の冠をかぶる女性

仏・マリアンヌ

◉赤いフリジア帽をかぶる女性

英・ジョン・ブル

◉シルクハット&太鼓腹の中年紳士

米・アンクル・サム

◉星条旗ハット&白髪・白髭の老人

ソ連

◉特にないのでクマ。日本もないのでサムライなどで表現されます。各国の民族衣装や軍服で表されることも多いです。

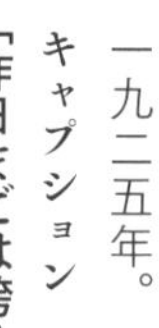

エーリヒ・シリング〈独〉

一九二五年。

キャプション

「昨日までは誇り高く闘っていた」

客「この本が一二マルク？　ちょっと高いね……。それよりマッチはないのかね？」

◉「ミュンヒェン一揆」で逮捕されたものの名を上げたヒトラーが、刑務所を出所後、富裕保守層に『わが闘争』を売り歩いています。しかし、相手にされておらず犬には吠えられる始末です。

『わが闘争』はこの年に発売されましたがそれほどは売れず、世界大恐慌が起こる一九二九年までは、ヒトラーも泡沫政党・ナチ党の地味な活動を続けました。「一時的に持ち上げられたものの見向きもされなくなった」という皮肉でしょう。

　こんな絵でナチス批判をしていたシリングですが、ナチス・ドイツ成立後は熱烈なヒトラー支持者に転向します。転向することで、もしくは転向したフリをすることで、または政治漫画を描かないことで、収容所送りを免れそのまま生活できた元・反ナチのドイツ漫画家は結構います。しかし、ドイツ敗戦直前の一九四五年四月三十日、つまりヒトラーが自殺したのと同じ日、シリングもミュンヒェン郊外に米軍が近づいてくると自ら命を断ちました。

アーサー・ジョンソン〈独〉

一九三四年。

キャプション

「六月三十日事件に関する総統の大演説に、固く忠誠を誓って」

「ゲーリング国会議長が国会で伝えた。『ドイツ国民は知っている。危難が大きくなればなるほど、総統は常により強くなられることを』」

◉「長いナイフの夜」事件を題材として描かれています。

　幕僚長レームを始めとする突撃隊（ＳＡ）幹部の粛清を断行したヒトラーに、「ドイツ」と書かれたリボンの女神（ドイツの女性擬人化キャラクター・ゲルマニア）が寄り添っています。ヒトラーが握りしめた旗には「忠誠」「秩序」の文字。

　ヒトラーはよく「褐色の男」とか「茶色の男」と表現されますが、この突撃隊の制服の色からきています。この服は、もとはドイツ帝国時代のドイツ領東アフリカの守備隊の軍服でした。しかし、第一次世界大戦の敗北ですべての植民地を取り上げられたため、使い道のなくなったそれをナチスが買って突撃隊の制服にしました。

アーサー・シイク〈米〉

一九四二年。

キャプション

「狂気」

●世界征服を企むナチス一味。左からゲーリング、ヒムラー、ヒトラー、ゲッベルス。地球を包囲する親衛隊（SS）。親衛隊は地球に「ナチ・プロパガンダ」などと書かれたテープを貼っています。

　足元にヒトラーの子分と化したイタリアのファシスタ党統領ムッソリーニと、ドイツに敗れたフランスのペタン元帥が転がっています。

マイケル・カリファーノ〈米〉

一九三四年。

タイトル

「世紀の屈辱」

◉ナチスに追放された、輝くアインシュタインの屈辱を描いています。カリファーノは等身大で描いたこの作品を絵葉書にして、ユダヤ難民救済資金にあてました。しかし、アメリカのナチスシンパにアトリエを襲われ、気絶するほどの暴行を受けた上に、描きためた大半の絵を破壊されました。

上はヨーゼフ・プランク〈独〉。一九三三年。タイトルは「アインシュタインに用はない」。自分の研究所から追い出されたアインシュタインを描いています。これはユダヤ迫害を非難するのではなく支持しているのです。一見、同じテーマに見える二枚は一八〇度、真逆の主張。ナチス時代のアインシュタイン画は全部、こうなっています。

アーサー・ジョンソン〈独〉

一九三三年。

キャプション
「ラファエル原作の翻案で」
「ディオスクロイ」

◉ラファエル（ラファエロ）はイタリアを代表するルネサンス期の画家で、この絵はバチカン宮殿の壁画「アッティラと大教皇レオの会見」の一部（左図）のパロディです。蛮族アッティラのローマ侵入を阻止しようとする大教皇レオ。レオを加護する聖パウロと聖ペテロの代わりに、ヒトラーとムッソリーニが描かれています。

ディオスクロイはギリシャ神話に登場するゼウスを父とする双子の兄弟で、戦場や嵐の海上に出現して人々を救うという神話があります。

下に「マルクス主義」と書かれた赤いタコがいるので、この二人が「赤い悪魔（＝共産主義）」を撃滅してくれるという意味です。一枚の絵に二つもの神聖さをこめた作品。

ジョージ・グロース〈米〉

一九四四年。

タイトル

「カイン、あるいは地獄のヒトラー」

◉カインは旧約聖書に登場する人類最初の殺人者です。

地獄で苦悩するヒトラー。血の川には死体が浮かんでおり、白骨の亡者たちがヒトラーによじ登ろうとしています。ヒトラーが頭を冷やしているのも、氷ではなく白骨の塊のようです。

ドイツ人グロッスは「二〇世紀最大の風刺画家」と評価する人もあり、しかし、ゲッベルスによって「退廃芸術家」に指定された画家でもあります。また、第一次世界大戦中に自分の名をドイツ語のゲオルグ・グロッスから英語風のジョージ・グロースに変えるほど民族主義を嫌った人でもあります。ナチスが勢力を強めてくるとドイツを離れ、アメリカへ亡命しました。

日本にも彼の強烈かつ際どい作風に影響を受けた作家たちがいましたが、ドイツを去ってからは題材に政治を避けるようになり、生活のために上品な路線に変えました。

しかし、現在、彼の名を残しているのはグロッス時代の作品のようです。この絵はグロース時代ですが、印象はグロッス風です。

ワルテル・モリーノ〈伊〉

『コリエーレ』日曜版（コリエーレ・デラ・セラ社）の表紙。

一九六一年。

キャプション

「ヒトラーはユダヤ人だったのでしょうか？」

「ヒトラーはヒトラーという姓ではありませんでした。家系の複雑で奇妙な出来事が続いて、一世代の間に姓を三度も変えることになりました」

◉「ヒトラー＝ユダヤ人説」がトップ記事です。戦後はイタリアでもこのようなものが出ました。

　ヒトラーの祖父が誰なのかはっきりせず、ヒトラーの父アロイスが「アロイス・シックルグルーバー（祖母の苗字）」という名で生まれ、次に「アロイス・ヒードラー（Ｈｉｅｄｌｅｒ）」になり、最後に「アロイス・ヒトラー（Ｈｉｔｌｅｒ）」と改名した事実を特集しています。「ヒードラー」は母の再婚相手が「ヒードラー」だったためで、それをその後、語呂や響きがはるかによい「ヒトラー」に変えたのではないかと言われています。

　ヒトラーの胸につけられた黄色のバッジは、ナチスがドイツ人とユダヤ人を区別するためユダヤ人に着用を義務付けた「ユダヤの星」です。

河北秀也〈日〉

東京営団地下鉄（東京メトロ）

マナーポスター。

一九七六年。

キャプション

「独占者」

●地下鉄で我が物顔に座席を独占するヒトラーを、困った顔で見つめているチャップリン。第二次世界大戦中の一九四〇年に公開された映画『独裁者』のパロディ。

一九四〇年のアメリカで描かれたとしても納得する作品です。当時の日本でこれを描いたら特高警察に逮捕されます。

時代は変わり、すべての国でチャップリンは「偉大な俳優」、ヒトラーは「人類の敵」になりました。

1932年 ドイツまんが

ミヒェルの災難

ミヒェルは土地を持っていました。
裕福ではありませんでしたがミヒェルには十分でした。

ある日、国籍を持たない男が柵を乗り越えて入ってきました。

男の脂肪が柵いっぱいに広がりミヒェルは追い出されました。
ミヒェル「ぼくの国籍がなくなったように見える!」

＊1923 年のミュンヒェン一揆でオーストリア国籍も失っていたヒトラーは
1932 年、大統領選に打って出るため、初めてドイツ国籍を取得しました。

1932年 ドイツ童話

新・カエルの王様

ゲルマニアはドイツを表す女性キャラクター。ヴィルヘルム皇太子はドイツ帝国最後の皇太子。ドイツが、ドイツ帝国→ヴァイマル共和国→ナチス・ドイツと変化しなければ、君主制は存続し、ヴィルヘルム三世となった人です。

むかしむかし、ある茶色の沼地にカエルの王様がいました。王様は見た目もよくないし、ガラガラ声だし、大きな口以外、何もありませんでした。

シュライヒャー将軍　バーベン首相

若く美しく純真なゲルマニアは、気高い生まれですがお金がありませんでした。従者たちは彼女にカエルの王様との結婚を勧めました。

彼女は勇気を出して、カエルの王様をベッドに連れてゆき、キスをしました。

ヴィルヘルム皇太子

すると、ごらんなさい。汚いカエルは消えて、いきなり立派な王子様が現れましたとさ。めでたし、めでたし。

第一章

ナチス人物名鑑

作者不詳〈米〉

一九三六年。

キャプション

「私はこの三年間に、ドイツの名誉と自由を取り戻してきた！」

◎ナチス・ドイツ成立から三年後の作品。ヒトラーが政権幹部を従えて演説しています。その下で多くの人々が口を塞がれ捕らえられています。

　捕らえられたものは左から「宗教の自由」「学問の自由」「労働組合と共済組合と反対党の自由」「女性の自立の自由」「報道の自由」「司法の独立の保全」。

　先頭のヒトラーから時計回りに、ブロンベルク、シャハト、ヒムラー、フリック、シュトライヒャー、ゲッベルス、ゲーリング。

総統 アドルフ・ヒトラー

第三帝国憲法・全文

一、総統は常に正しい

以上

ヒトラーは一八八九年四月二十日、オーストリア＝ハンガリー帝国のブラウナウに生まれました。

ブラウナウはオーストリアとドイツの国境付近にある小さな町です。つまり、国籍はオーストリア人です。そして、父母ともにオーストリア人です。

当時のドイツ民族はドイツ本国のほか、ヨーロッパ各地にドイツ国籍を持たずに暮らしていたのですが、これを統一し「ドイツを中心とした大帝国を創る」という考え方（大ドイツ主義）が帝国主義時代に発展し、ヒトラーもこれに傾倒していました。「ドイツ系オーストリア人」ではなく、あくまでも自身を「大ドイツ帝国の中心を担う誇り高きドイツ人」と位置付けた若き日のヒトラーは、「世界に冠たるドイツ」の歌を好み、よく歌っていたといいます。

ドイツは人類の至宝となる人物を多数、輩出してきた。

DER
FÜHRER
HAT
IMMER
RECHT

ドイツ公式ポスター
「総統は常に正しい」

●一九四一年二月十六日〜二十二日の週間スローガン。ナチスは憲法は作っていません。実態はこうでしたが。

ゲーテ、ベートーベン、ニーチェ、ルター、マルクス、アインシュタイン。
しかし、その輝かしい成果を、オーストリア人のヒトラーが一人でぶち壊している。

絵画、建築物、オペラなどが大好きな芸術愛好家のヒトラーは、早くに両親を亡くした後、生活費を切り詰めてそれらを鑑賞し、また、自分でも暇さえあれば絵を描いていました。政治家になる前に描いた作品は今もたくさん残っていますが、精密でかなり上手いです。しかし、中等学校（高校）をさぼってばかりで自主退学となり、美術学校の入学試験を受けるものの、これも不合格でした。風景画（建物）ばかりで、人物画には見どころがなかったことも落ちた原因とされていますが、まったく納得できないヒトラーは、校長に詰め寄り理由を問い質しています。「君は画家より建築家に向いているから」と言われたそうですが、うるさいので適当に追い払われたのかも知れません。しかしながら、中等学校を卒業していないと建築家にもなれませんでした。

入学できなかったヒトラーは絵葉書などを描いて売りながら細々と生活する傍ら、建築家への憧れも持ち続けたようです。絵や絵葉書をユダヤ人美術商に買ってもらったこともあります。住所不申告の徴兵検査逃れの若者として、警察に追及されたこともあります。「ヒトラーが画家か建築家の道を歩んでいれば、第二次世界大戦は起こらなかった」とは、よく言われる話です。

美術学校の試験に落ちたので、世界大戦を始めた子供がいる。
子供たちの素行が悪いので、世界大洪水を起こした親もいる。
子が子なら親も親である。

オーストリアの通常の兵役が回ってくると、ドイツへ逃亡していますが、翌年、第一次世界大戦が始まると、ドイツ軍に志願兵として入隊しました。オーストリアは気に入らなくとも「ドイツのためなら死ねる」のです。勇敢に戦い、「二級鉄十字章」「一級鉄十字章」の二つの勲章を受けました。しかし、その割に昇進しておらず上等兵止まりでした。理由は諸説ありますが、「短気で指導力に欠け、部下を持つにはふさわしくない」と判断されていたようです。部下を操るのがどれほど上手いかは、後に極限まで証明されるのですが。

それでも、この処遇に不満を見せた様子はなく、総統になってからもこの「一級鉄十字章」と「戦傷章」（毒ガスで失明しかけました）の二つだけを、胸に誇らしくつけていました。側近のゲーリングが勲章をジャラジャラさせていたのと対照的です。

戦争初期は各国で突然、愛国心が高まって、若者たちが次々に自ら入隊するものです。しかし、戦場の悲惨さを体験すると気を滅入らせて、戦争を呪い平和を願い始めるのも、これまたよくあることなのです。

そんな厭戦気分の漂い始めた兵士たちの中にあって、入隊時のテンションを加速させ、休暇をとらず、不足を述べず、生き生きと兵士心得のような言葉を発し続けるヒトラーは、大変特異な存在であったといいます。ヒトラーには「おしゃべりで奇妙な白いカラス（変人）」というあだ名がついていました。

出世もせず怪我だけして、それでも戦争が気に入ったヒトラーは、終戦後も軍隊に残ります。軍に、当時たくさんあった小政党の一つ「ドイツ労働者党」の調査をするよう命じられ、スパイとして入党しました。しかし、そこはもっと気に入ってしまいました。「敗戦を受け入れず、社会の癌・ユダヤ人を排除し、世界に冠たる大ドイツ国家を創る」という思想は、ヒトラーの主張そのままだったのです。

この党は翌年「国家社会主義ドイツ労働者党」と改名されます。この長い党名を縮めると「ナチス」と読めるのですが、「国家」とつけば普通は右で、「社会主義」なら当然、左。つまり「国家社会主義」は本来、その中間を指します。

国家主義　　経済活動の自由を認め、国家の繁栄を最大の価値とする。
社会（共産）主義　経済活動の自由を認めず、国民の平等を最大の価値とする。
国家社会主義　経済活動の自由を認める（個人の富を認める）が、国家の繁栄が優先される。

具体例を挙げて説明すると、

国民が二頭の雌牛を持っていた場合

国家主義　国民はそのうちの一頭を売って、売った代金で雄牛を買い、繁殖させて豊かになる。
社会（共産）主義　国民は二頭を国家に提供し、代わりに国家から牛乳や牛肉の配給を受ける。
国家社会主義　まずは自由に繁殖させる。牛が増えたら国家は国民を収容所に叩き込み、すべての牛を国家の財産として持ち去る。

……こうなります。

この「国家社会主義」を掲げる政党で、初めて演説を行い聴衆の喝采を浴びたヒトラーは、自分の恐るべき才能に気づきます。自信と妄想に満ち溢れ、世界征服を使命とする男が誕生してしまいました。ヨーロッパが顔色を変え始めるまでに、ここから約一〇年。世界が火の海になるまでに、ここから約二〇年です。

ハインリヒ・フォーゲラー〈ソ〉

一九三四年。

キャプション

「第三帝国」

◉殺人、放火、略奪、私刑、警官の暴力、乱交、収容所、焚書などが描かれ、マルクス、レーニン、スターリンの本が捨てられています。

ドイツ共産党員の画家フォーゲラーは、ヴァイマル共和国時代に共産主義に憧れソ連へ移り住みます。しかし独ソ戦が勃発すると、すぐに他のドイツ人移住者と共にカザフスタンに追放され、翌年、生活苦のため衰弱して亡くなりました。他国の党員がフォーゲラーを助けようとしましたが、特別扱いを拒否したと言われています。

クリフォード・ベリーマン〈米〉

一九三九年。

キャプション

「上手い出し物だ。だが、観客には耐えがたい」

◉ヒトラーがライフルを使って皿回しのように地球を回していいます。目を引く芸と思われますが、観客は見たくないようです。観客は左からアンクル・サム（米）、ジョン・ブル（英）、アルベール・ルブラン大統領（仏）。

この絵の発表された一二日後に、ドイツはポーランドへ侵攻し、第二次世界大戦が勃発しました。

1931年 ドイツまんが
ネームプレート

労働者たちの前で――

「国家**社会主義**ドイツ**労働者党**」

資本家たちの前で――

「**国家**社会主義**ドイツ**労働者**党**」

1940年 アメリカまんが
私たちのステキな小さな世界

ヒトラー「俺と闘いたいのか?」
地球「ちがいますよ、おじさま」

地球「それにぼくは闘うなんて、とても間違ったことだと思う」
ヒトラー「ほう、お前は俺のすべてが間違ってると思うんだな。ふ〜ん」

ヒトラー「教えておいてやる。俺をいたぶろうなんて思わないことだな!」

ゲーリングは国民の財産で肥え太っている。
しかし、心を入れ替える様子はない。
ゲーリングが体重計に乗ると、針が振り切れて次の語が表示される。
「続く」。

ナチス・ナンバー2、国家元帥ゲーリングは派手好きで知られています。ヒトラーよりはるかに目立つ自分専用の白い軍服を着用し、自分で制定した勲章を自分に与えて胸に飾ったり、ペットにライオンを飼ったりしていました。特に勲章に対するこだわりが強く、イタリアとの「鋼鉄同盟」締結の際、イタリア最高位の勲章をもらいそこねて半泣き騒動を起こし、翌年、授与をもぎ取ったという執念のエピソードまであります。

第三帝国のみで通用する単位

1ヒット　一回の演説中に出てくる同じ単語（ユダヤ人）の限界数
1ゲーリ　人間が胸につけることができる最大限のブリキの面積
1ゲッベ　国内中のスピーカーを一斉に鳴らせた時の総音量

また、戦争に勝った未来に備えて、ヒトラーが取り組んでいた「世界の首都・ゲルマニア」計画に至っては、総統官邸より大きなゲーリング邸の設計図を用意していたようです。趣味の美術品収集にも莫大なお金がかかるので、その支払いに使う紙幣をドイツ銀行に直接、刷らせたりもしています。やりすぎと思われますが黙認されていました。ヒトラーは大概の場合、仕事さえしていれば部下の生活に口を出しません。それが略奪や賄賂であっても見ないフリをしていたようです。

戦争に負け始めると国中から一斉に非難されたゲーリングですが（もちろん陰で）、勝ちまくっていた頃は、ドイツの成功を象徴する華やかな指導者として人気がありました。ヒトラーの私生活が極めて質素だったのと対照的に、半ば芸能人的な娯楽提供者にもなっていたのです。

ゲーリングの享楽的な生活を笑いのタネとした、こんなジョークもあります。

Q：日本とゲーリングの違いは何か？
A：日本は愛想笑いの国である。ゲーリングは国のもの笑いである。

そんなゲーリングとヒトラーの出会いは、ヒトラーが政治活動を始めて間もない一九二二年。その熱烈な演説に感動して入党します。ヒトラーは古い党員を重んじる傾向にあるのですが、第一次世界大戦時の「撃墜王」であり、また、ナチスには数少ない富裕層出身者として財界とのパイプも持つゲーリングは、文句なく重用されました。人工的に創られたソ連の「スターリン崇拝」とは違い、ドイツの「総統神話」はヒトラーの無名時代から自然発生しているのですが、金も名誉もあるゲーリングが何もないヒトラーを指導者と仰いだことにも、その現象が確認できます。

第二次世界大戦突入の際のヒトラーの名演説、

「勝利か、しからずんば死か。私も一兵卒として戦場に赴こう。私が戦場に倒れる時、後継者はゲーリングである。ゲーリングが倒れる時、ヘスがこれを継ぐだろう。ヘス亡き後は、ドイツ国民にしてもっとも勇気ある者よ、これを継げ」

この大事な時に名前が挙がる信頼ぶり。空軍を創設し、総司令官も務めるゲーリングは、スペイン内戦介入で世界初の無差別爆撃（ゲルニカ空爆）を行って、短い期間に空軍の戦闘能力を飛躍的に向上させました。悪名高い秘密警察ゲスターポはヒムラーに譲り渡しましたが、この創設者もゲーリングで警察国家の基礎固めもしています。また、軍備増強、経済増強を目指す「四ヶ年計画」の責任者でもあり、あらゆる方面の幅広い権力を握っていました。

しかし、イギリス戦での作戦失敗で、ドイツに大損害を与えて信用を落とします。また、初めは圧勝だったソ連戦も、戦況が長引くとともにジリ貧になってしまいました。ヒトラーを失望させた後は表舞台から退き、軍務の代わりにモルヒネと狩猟と美術品収集に没頭しています。

敗戦間際、「総統が指揮を執れないようでしたら、私が後を引き継ぎます」との電報を打ち、これがヒトラーの怒りを買って、裏切り者としてナチス除名と逮捕を言い渡されます。ヒムラーの親衛隊に逮捕・監禁されたゲーリングですが、その後、ヒトラーが自殺すると、親衛隊は「通りすがりの空軍」にゲーリングを引き渡して解放します。そして、その後は連合国に拘束されてと、敗戦前後は重い体を荷物のようにあちこちへ輸送されました。（この裏切り事件は、ゲーリングと不仲の総統秘書ボルマンに嵌められたのではないかという見方も有力で、真実は分かっていません）。

戦後のニュルンベルク裁判では収容所の虐殺について、「私は知らなかった。総統も実態は知らなかったと思う。あれはヒムラーの独断だ」などと語りました。ですが、ナンバー1とナンバー2が共に、数百万人殺害されたその事実をまったく知らないとは、さすがに考えられません。そもそも、ヒトラーが「ユダヤ人は絶滅させなければならない」と語っているのに、ヒムラーがヒトラーに虐殺を隠す必要はないのです。これは自分とヒトラーを擁護しつつ、既に死亡していたヒムラー一人に責任を押しつけているように見えました。

死刑判決を言い渡されたゲーリングですが、執行前に獄中にいながら毒薬を入手して自殺を果たします。敵に吊るされる不名誉を回避したゲーリングに対し、ドイツ国民は「ゲーリングが連合国に一杯食わせた」と喜びました。国民はナチス首脳陣にひどい目に遭わされているものの、連合国にもひどい目に遭わされていますからね。
裁判中にモルヒネの毒が抜けたゲーリングは、元の堂々たる雰囲気を取り戻していたようです。

クリスマスの七面鳥はナチ的でなければならない。
ヒトラーのように褐色で
ゲーリングのように丸々していて
ドイツ国民のように綺麗にむしられていなければならない。

ベン〈仏〉
一九三九年。
キャプション
「トランクスだけの戦争理論家」
ゲーリング「私は気にしません。私は改宗しています」
◉勲章の山に覆われたゲーリング。質素なヒトラーの側近がゲーリングであることを皮肉っています。

クリフォード・ベリーマン〈米〉

一九四二年。

キャプション

ゲーリング「同類を拘束することは簡単に成されるべきです」

◉ゲーリングがヒトラーに自分の腕前を誇っています。縛られた被害者の帽子には「ドイツ国民」の文字。ゲーリングは今から「絶対的権力譲渡証」という重りを同類につけるつもりです。

1933年 イギリスまんが
病状の攻撃的変化

ドイツ戦争狂患者
(〈同意書　私は二度とドイツ戦争火酒を飲んだりしません〉)

連合国医師団
(薬〈ヴェルサイユ条約〉〈ロカルノ条約〉)

「ああ!　もし私が再び健康になれたなら、私は静かで落ち着いた生活を送るでしょう!」

(火酒〈戦争準備〉)

(本〈わが闘争〉)

「私は君たちの食事療法にあきた!　大砲が欲しい!　戦車をよこせー!!」

総統代理 ルドルフ・ヘス

「ヒトラーはドイツであり、
ドイツはヒトラーである！」
（一九三四年　ヘス演説）

ドイツではひどい偽造が横行している。

第二次世界大戦開始時のヒトラーの演説で、ゲーリングの次に名前が挙がったのが総統代理ヘスです。

ヘスもヒトラーが政治活動を始めた初期、その演説に感動してヒトラーの仲間になりました。一九二四年にヒトラーが刑務所暮らしをしていた時は、ヘスも同じ獄舎におり、そこで『わが闘争』の口述筆記を行っています。ヘスが傾倒しヒトラーに教えた「生存圏」思想は、ヒトラーの政策にも影響を与えており、ここではヘスも活躍したと言えるでしょう。

生存圏とは「ある民族が生物学的に自給自足を行うために必要で、なおかつ、文化的にも自己を維持、発展させるために必要と考えられる地域」のことです。ナチス・ドイツ地政学の中心的な考え方であり、ヒトラーの中では、東方のロシアやポーランドやウクライナやリトアニアをドイツの領土とし、そこに住む「二級民族」スラブ人を奴隷化する構想となります（東方生存圏構想）。第一次世界大戦は「汎ゲルマン主義」対「汎スラブ主義」の激突が引き起こした戦争とも言えるので、ヒトラーはスラブ民族を憎んでいるの

ドイツ公式絵葉書
一九三九年。
「大ドイツ」
「ヒトラーはドイツであり、ドイツはヒトラーである！」

です。

古い党員に手厚いヒトラーの方針を受けて、ヒトラーの「個人秘書」に加え「総統代理」の肩書きも手に入れたヘスですが、その割に実権はありませんでした。「代理」はあくまでも「代理」なので、ヒトラーが生きている以上、集会にヒトラーの代わりとして出席するくらいしか仕事がないのです。また、「秘書」としての事務処理能力なら、自分の部下であるボルマンの方が明らかに上で、やがてヒトラーはヘスを飛び越えて、直接ボルマンに指示を出すようになります。野心家のボルマンはチャンスを積極的につかみ、急速に勢力を拡大してゆきました。

悶々としているところで戦争が始まってしまいます。そうなるとヘスの気持ちに配慮するような暇は、ヒトラー含めどの幹部も持ちえず、党内での立場はひたすら低下、低下です。

あの演説で「ヘス」の名前が出たのは、国民人気に配慮しただけでしょう。ナチスが国民の信頼を得ていた当時、集会で人々の前に出る機会の多かったヘスは、なんとなく親しまれていました。しかし、「総統代理」に任命したヒトラー自身が、「ヘスが私の代理を務めるような事態になったら、ヘスも国民も不幸だ」などと、身も蓋もないことを言っているのです。

そんなヘスが、ある日突然、歴史に残る大事件を起こしました。フランス降伏の後、ソ連侵攻の直前、戦争中のイギリスへ一人、勝手に戦闘機に乗って旅立ち、勝手に単独講和を求めたのです。

「総統代理ヘス」の名前と顔はイギリスでも知られていたはずでした。しかし、まさか、そんな重要人物が一人でフラフラ、護衛もなしに飛んでくるなどと思いもよらないイギリスは、単に不審人物として逮捕しただけで、翌日までヘスを放置します。その後、身分が判明し、イギリス、ドイツともに仰天するのですが。ついでに、「独英が和平を結んでソ連攻撃に転じる」と誤解したスターリンも、モスクワで腰を抜かしました。この時、ヘスは世界で、注目を浴びる男になったのです。

フランスには勝利したものの、イギリス、ソ連を同時に敵に回すのは、本当はヒトラーとしても望むところではなく、それを知っているヘスは「総統を助けよう」と思ったのかもしれません。あるいは単に、手柄を立てて立場の回復を図ろうとしたのかもしれません。

いずれにしても、そのようなことで戦局が動くはずはなく、激怒したナチスは「ヘスはノイローゼ」と発表し、ヘスを切り捨てます。国家方針を無視し、国に恥をかかせているので当たり前です。能力はともかく、無名時代から自分を慕って入党したヘスを可愛がっていたヒトラーは、目に涙を浮かべて決断したようです。

イタリアや日本などに「ドイツが同盟国（枢軸国）をだましてイギリスと単独講和を目指した」と疑われる恐れもあり、かばうことはできませんでした。

収容所で二人の男が話している。
男一「私はヘスがイギリスへ行く前、『ヘスは狂っている』と言って逮捕されました」
男二「私はヘスがイギリスへ行った後、『ヘスは狂っていない』と言って逮捕されました」

イギリスも「ノイローゼ」と判断を下したのですが、ノイローゼでありながらイギリスのレーダー網をかいくぐり着陸を果たすとは奇妙です。逮捕後も奇行や自殺未遂を起こす中、「実は演技だ」と知的に話してみせるなど周囲を振り回しました。ナチスにはオカルト信者が多いのですが、ヘスも占星術に導かれてイギリスへ行ったのだとする解釈もあります。

ヘスのイギリス飛行後、ナチ党本部に一人の男が現れた。
男「ポストが空いたなら、私、総統代理に志願したいのですが」
党員「貴様は狂っているのか？」

男「それが条件ですか？」

以後、ヘスはイギリスの刑務所で、また、戦後はベルリン近郊のシュパンダウ刑務所で過ごします。シュパンダウ刑務所はニュルンベルク裁判で有罪となったナチス戦犯の専用刑務所ですが、刑期満了などで徐々に人数が減ってゆき、最後の二一年間は終身刑のヘスただ一人のために運営されていました。世界一、寂しい囚人です。また、看守、警備兵、医者、食事係など五〇人に世話をされる、世界一、金のかかる囚人です。九三歳で自殺に至りますが、本当は殺されたのだとヘスの息子は主張しました。

このようなミステリーが現在のネオナチを魅了するのか、ナチスから除名されたにもかかわらず、戦後七〇年以上たった今も「ナチスの象徴」として祭り上げられています。しかも、ナチスの話をしたがらない一般国民にまで、「戦後も死ぬまで刑務所暮らしだった気の毒な人」と同情されています。立場の真逆な両者に気に入られるという不思議な現象が起こっていて、戦中戦後を問わず「謎の人物」なのです。

ドイツの闇市で、ある店が「性格」を売り始めた。
好みの「性格」を買って装着すると、なりたい自分になれるので便利である。
「ヒトラー・モデル」を買うと、強い自己主張ができる。
押しの弱い人に人気である。
「ゲッベルス・モデル」を買うと、さまざまな言い訳ができる。
ミスの多い人に人気である。
「ヘス・モデル」を買うと、普段はおとなしいが突然、制御不能となる。
恐ろしいので誰も買わない。

チャールズ・サイクス〈米〉
一九四一年。
キャプション
「もちろん、それは続けます！」
◉「大衆の興味」という張り紙をした人物が書籍『大いなるヘスのミステリー』を読んでおり、ナチスの雰囲気を漂わせた「明瞭な常識」という男が「仕事に就け！」と怒鳴っています。
　大衆は本を読むのをやめられない様子。

1941年 イギリス童話

空飛ぶルドルフの物語

(ドイツ童話もじゃもじゃペーターのパロディ)

総統の機嫌が悪くて
頭が混乱してしまう時、
ききわけのよい小さなナチ・ボーイたちは
家に帰って彼らのおもちゃで遊ぶけど
ルドルフは考えた。
「総統のそばにいるほどよい場所はない」
そこで、彼はそのように行動した。
総統の喜び、総統の誇り。
あなたには並んで歩く彼らが見える。

ルドルフを不審そうに見る
ヒムラーの魚ような冷たい視線。
総統が叫んだ。
「飛行機に乗ったりするな!」
ルドルフは考えた。
「ステルス戦闘機で飛び立つ方が
ぼくの健康のためによい」
そして彼は空へと飛んだ。
アドルフの叫びも聞かず。
スコットランドが
点のように小さな姿を現すまで。

これはルドルフのパラシュート!
彼はぶらさがっている。
彼は慰めを求めて来たのだろうか?
ブルースの流れる土地に。
彼はスコットランドの地面にぶつかり、
留置所に入れられた。
彼が何を望んでいるのか、
ここまでやってきたというのに
あまりはっきりしていない。
ただ、これだけは分かっている。
ルドルフは二度とドイツに帰りたくない。

宣伝大臣ヨーゼフ・ゲッベルス

「あの大きな青い瞳。星のようだ」(「ゲッベルスの日記」より)
「この男の半分は労働者、半分は神でできている」(「ゲッベルスの日記」より)
「こんなに大勢の人がいるが、優れた人間は総統だけだ」(「ゲッベルスの日記」より)
「僕は総統が大好きだ!」(「ゲッベルスの日記」より!)

ヒトラーに恋をしているゲッベルスは(ウソ)、日記の中でさえ総統を賛美し続けます。プロパガンダ帝国ナチスは、宣伝大臣ゲッベルスがいなければ成立しなかったかも知れません。

売れない小説家だったゲッベルスは、友人に連れられて行った政治集会で、突然、演説を依頼されます。戸惑いながらも壇上で口を開いた途端、「この資本家の手先め!」と、根拠のないヤジが飛んできました。準備も何もないゲッベルスでしたが、瞬間、自分の財布を机に叩きつけ、所有していた僅かなコインをぶちまけます。「今、言った奴は出て来い! 自分の財布を見せろ! どっちが金を持っているか、比べようじゃないか!」騒然となった会場はやがて静まり返り、その中でゲッベルスは堂々と自分の考えを述べたそうです。

これがゲッベルスの初演説パフォーマンスです。

突発的な事態に対するこの判断力。「天才」と言ってもいいのではないでしょうか? 口で言い返すだけでなく視覚にも訴えます。アドリブでさえこうなのですから、その後、ヒトラーに見出され、ヒトラーと共に準備万端で臨んだナチスの大プロパガンダは、当然ながら異様な力を持ちました。

ゲッベルスの初めの敵はユダヤ人と共産党でした。スローガンを作り、新聞で叩き、ポスターで街を埋め、演説で仕上げをします。また、注目を浴びるために、突撃隊や親衛隊を集めて街で行進させ、大きな旗を高らかに掲げて演説会場へと誘導しました。不況で娯楽の少ない時代でしたから、一種の「祭り」を見物する気分で国民は出かけて行きます。「祭り」なので時間帯も意識し、夜の闇の中、松明を使った幻想的な雰囲気の演出も行います。ヒトラーが首相になった時の松明行列などは本当に美しかったようで、「他とは違うナチス」を意識させました。

また、従来の「紙」のメディアだけでなく、「ラジオ」「映画」の新しい技術もどしどし利用します。安価なラジオを普及させ、「総統の言葉」を届ける手法。映画の中では「醜悪なユダヤ人」を描き、反ユダヤの感情を煽り立ててゆきます。

Q：この中に「デマ」が一つ仕込まれています。どれですか？

①ゲッベルスの血は「ウソ」でできている。
②ゲッベルスの肉は「ホラ」でできている。
③ゲッベルスの骨は「デマ」でできている。
④でもゲッベルスも一応、人間なので、たまには本当のことも言う。

しかし、手際は素晴らしいものの、訴えるその内容はデマばかりでした。「ユダヤ人」「共産党員」を悪魔扱いしていますが、無差別に彼らを攻撃し濡れ衣を着せて収容所に送り込む悪魔は、明らかにナチスの方です。学生を扇動し、ハイネ、フロイト、マルクス、アインシュタインなどユダヤ人作家や左翼系の本を焼く「焚書」も行いましたが、そのハイネの書籍には「書物を焼く国は、やがて、その国民をも焼くであろう」という暗示のような言葉が書かれていました。

実を言うと、青年時代のゲッベルスは『ハイネ恋愛詩集』を初めての恋人に贈っています。この頃は「反ユダヤ主義者」ではなかったのです。しかし、作家になりたくて作品を投稿しても、どの出版社にも相手にされなかったのを、「ユダヤ人のせいだ」と思い込んでしまいました。文壇で高い地位にいるユダヤ人たちが、「自分の邪魔をしている」と信じたのです。プライドの高いゲッベルスにとって、「誰かのせい」でなければならなかったのでしょう。

ナチスは書籍に限らず、自分たちの世界観に合わない芸術を弾圧していますが、その主役はいつも全国文化院総裁のゲッベルスです。

絵画では「退廃芸術」の烙印を押して、オットー・ディックス、ジョージ・グロース、マクス・ベックマンなどの作品を断罪し、彼らの作品を集めた「退廃芸術展」という見せしめの侮蔑的な展覧会も行いました。

戦争が始まると、今度は外国との宣伝合戦に突入します。

「ナチスの声」を外国に聴かせ、敵の動揺を誘わなければなりません。逆に、自国民の耳には「ナチス以外の声」を聴かせてはなりません。敵の新聞はドイツでは売りませんし、自国新聞はすべてナチスが統制しているので、新聞は心配ありません。問題はヨーロッパ内で電波の入り乱れる「ラジオ」です。

が、これもゲッベルスの圧勝でした。

高機能を捨て「安価」に重点を置いた「国民ラジオ」は、その簡易な構造のため外国放送は聴けません。そして、今までなかった珍しい製品であるのに、労働者の半月分の給料で買えるので短期間に普及しました。「買い」を促進させるため、受信料は無料です。それでも買えない人のために、「ナチスの放送」は職場で聴かせることにしました。全工場が「ナチスの放送」時間になると、手を止めてラジオのスイッチを入れます。高価なラジオは外国放送も入るのですが、「高価」なので普及していませんでした。

外国に「ナチスの声」を聴かせるためには、捕虜を使いました。一日に三名の捕虜をラジオに登場させ、「ドイツで良い扱いを受けている」と言わせます。これは、ドイツの印象を良くする以上に、放送を「聴かせる」ことが目的でした。戦場に父や兄や息子が駆り出されている場合、残された家族は身内の安否（生きているのか、死んだのか、捕虜になったのか）確認のため、絶対に聴こうとします。そうやって、外国のナチス・ラジオ聴取者を増やし、いろいろなデマも混ぜて相手国を揺さぶりました。外国のラジオは対応が遅れたため、ナチス放送がどんどん入っていくのです。

ドイツ宣伝省・警告
「もし、イギリスがドイツへの無差別・爆撃を実行するのであれば我々には、ゲッベルス大臣による無差別・報復演説を行う用意がある」

とは言え、ゲッベルスの宣伝技術がいかに優れていようとも、負け戦を心理戦のみで勝ちに変えるのは不可能です。戦局を有利に運ぶことは可能でも、焼け野原を生きた街に戻すことはできません。

戻ってこない家族や目の前の廃墟を見て、国民はゲッベルスに疑いを抱くようになっていきます。それでもゲッベルスは「秘密兵器」「神の啓示」「敵の恐怖」など、手を替え品を替え、戦意高揚を促し、被災地を慰問し、国民の前に立ち続けました。戦局悪化以降、引きこもって公的にほとんど姿を見せなくなったヒトラーの分まで、大車輪の働きをします。その上、最後までヒトラーを責めませんでした。部下の鑑と言えるでしょう。

ゲッベルスが演説している。
一人の男が恐る恐るたずねた。
男「すみません、大臣。昨日のお話と違うように思うのですが」

ゲッベルス「いかにも」

ゲッベルスがうなずいた。

ゲッベルス「困ったことに私は毎日、賢くなってしまうのだ」

敗戦直前、ヒトラーが書き上げた遺書（次の首相にゲッベルスを任命）を見た後、初めてヒトラーに逆らい、自らも殉死する理由を文書に残しています。

「私の命は、私が総統の傍らにあって彼に奉仕することができないならば、もはや価値なきものであるから」

ヒトラーの死を見届けたゲッベルスは、六人の我が子を殺してから、妻と腕を組み死地の庭へと向かいます。拳銃自殺の後に、庭でガソリンをかけ遺体を焼いてもらう手はずなのです。

総統地下壕の急な階段を登りながら、ふと振り返ったゲッベルスは、見守る部下へ微笑み、人生最後の言葉＝ジョークを言いました。

「友人に、重い死体を引きずって階段を登らせるのは気の毒だからな。自分で登ってやる」

カール・ホルスト〈独〉

一九三〇年。

キャプション

「我々の最も美しい夢はこのクリスマスツリーに掛けることだ」

◉豪華な装飾のクリスマスツリーのど真ん中にギロチン台が置いてあります。ターゲットをギロチンに掛け、落ちた首を枝に掛けると、美しいクリスマスツリーが完成するようです。

ヒトラーとゲッベルスは首を受けるためのバケツも置いて、準備万端で犠牲者を待ち構えています。

オットー・ディックス〈独〉

一九三三年。

タイトル

「七つの大罪」

◉近い将来、ゲッベルスにより「退廃芸術家」とされるディックスが、ナチス・ドイツ成立直前に描いた作品。

キリスト教世界の罪を表現しています。

高慢…上方の鼻高々の人物
貪欲…左下の魔女
嫉妬…魔女に乗った小人
怒り…鎌を持った死神
色欲…右の娼婦
大食…右上の赤子を口に入れた妖怪
怠惰…左の動物

小人がヒトラー、死神のポーズがハーケンクロイツに似ています。

チャールズ・サイクス〈米〉

一九四一年。

キャプション

「誰かが間違っているに違いない」

ゲッベルスのセリフ

「ドイツを平手打ちにして怒らせようとするルーズベルトの挑発行為は、むしろ、ドイツを冷静で落ち着いた状態に保つのだ」

ヒトラーのセリフ

「嘘だ！　偽善極まる！　捏造だ！　非倫理的だ！」

◉ラジオ放送中、国民の平常心を強調するゲッベルスの目の前で、ヒトラーが興奮して大暴れしています。ゲッベルスはかなりお困りの様子。

バーナード・パートリッジ〈英〉

一九四三年。

キャプション

シシフォス博士「登りは岩だらけで骨が折れるが、やり遂げなければすべてが無駄に終わってしまう」（ゲッベルスの論説より）

◉ゲッベルスはスターリンの形をした岩が転がり落ちるのを阻止しようとしています。しかし、非常に苦しそうです。

シシフォスはギリシャ神話に登場する悪賢い邪悪な王です。悪行の報いで巨石を山頂まで押し上げる罰を受けますが、その石は山頂に近づく度に転がり落ちてくるので、努力は永遠に報われません。「無駄骨折り」のたとえ話に用いられます。

博士号を得ていたゲッベルスは「博士」と呼ばれるのを好みましたが、ドイツの戦況がどんどん悪化していったこの時期、作家は皮肉で使っています。

ヴィクトリア女王の肖像画家であった父親を持つパートリッジは、もともと「ヒトラー氏」「ムッソリーニ殿」のような敬称つきのキャプションが多いのですが、にじみ出る品格なのか、育ちの良さの誇示なのかは不明。

1943年 イギリスまんが

ヒトラーはどこへ消えた？ さまざまな噂

最近、ヒトラーの姿を見ない。彼はどうしているのだろうか？

ヒトラーは何年も前に死んでいる。なのにゲッベルスは
三カ月前、彼の最後の演説レコードを壊してしまった。

ヒトラーは彼の昔の仕事に戻っている。

ヒトラーは旧友のヘスの会社を守るため
イギリスへ来ている。

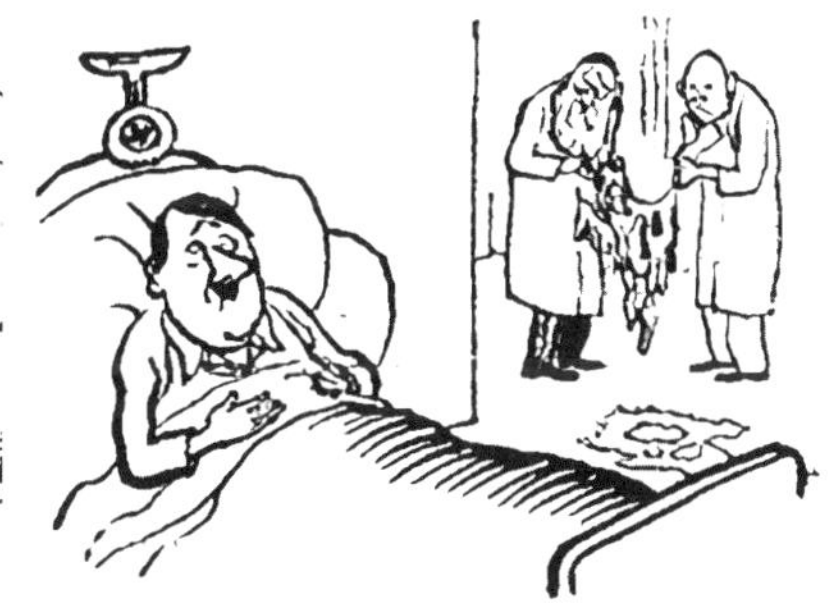

ヒトラーは過剰な赤じゅうたん（過去の栄光）に
苦しんで寝込んでいる。

ヒトラーは髪を切りヒゲをそった。
衛兵「この小さな暴徒は自分は総統だと主張している。
ゲスターポと一緒にダッハウ収容所へ行け！」

ヒトラーは彼の別荘があるベルヒテスガーデンの
避難所で忙しく働いている。

親衛隊全国指導者 ハインリヒ・ヒムラー

ある親衛隊員が死んだ。

仲間の隊員が立派な葬式をしてやろうとしたが、
値段が高すぎて払えない。

だが、破格に安い葬儀屋が見つかった。

親衛隊員「(喜び)なぜ、そんなに安いのだ?」

葬儀屋「私どもはユダヤ人会社ですから。親衛隊全員の葬式ならタダでもして差し上げますよ」


世界で悪の代名詞と言えばヒトラー。ナチスで悪の代名詞と言えばヒムラー。

地味で温和な顔をしたヒムラーはその風貌とは裏腹に、「親衛隊(SS)」「秘密警察(ゲスターポ)」というナチスの「悪」全般を指揮する責任者でした。汚れ仕事の一切合切を引き受け、どんな非道な命令にも全力で従い、また、私生活を含めヒトラーの意に沿わないことは決してしない、ヒトラーの忠臣です。もちろん強制収容所も親衛隊の管轄でした。が、そんな管轄の長にはとても見えません。

本人も見た目の印象の薄さを気にしていたのか、親衛隊で「見た目より中身が濃い!」というスローガンを掲げています。でも、スローガンまで地味ですね。ゲッベルスの最高傑作「ハイル、ヒトラー!」と比べると、どうしてもセンスが足りません。ヒムラーにも宣伝担当をしていた時期があるのですが。

ナチスにとってのありとあらゆる邪魔者、また、ユダヤ人をユダヤ人という理由のみで強制収容所に叩き込み、数百万人を虐殺したヒムラーには、反面、非常に「優しい」エピソードもあります。人間を殺しまくるかたわら、動物愛護に熱心で人が動物を食料とすることを不憫に思い、野菜ばかりを食べていました。「ドイツ森林長官」でありながら、狩猟を楽しむゲーリングとは違います。

人体実験を許可しつつも、自分で命令した殺人を目の前で実行されると、嘔吐したり失神したりもしています。しかし、後ろめたいとは決して思っておらず、毎日の仕事に誇りを感じ、可愛がっている娘を収容所へ「職場見学」として呼ぶことまでありました。

強制収容所の警備はすごい。親衛隊が大勢張りついてアリ一匹入れない。しかし、人間だけは何もしなくてもいつでも入れる。

道徳の二重基準のはなはだしさには特筆すべきものがあり、効率的な殺人方法を常に考えている反面、親衛隊員がユダヤ人の所持品を盗むと、「品性下劣」だと言って烈火のごとくに腹を立てました。

天下の親衛隊全国指導者は大変、質素です。ゲーリングのような同僚を横目で見ながら、あるいは隠れて横領や賄賂で贅沢三昧に走る親衛隊の最上位にあっても、公務員としての正規の給料のみでやりくりしていました。愛人に渡す生活費がなくて困った時ですら、不正な金にはいっさい手を出さず、党の金庫番であるボルマンに借金してしのいでいます。そして、「いつの日か貧しく死ぬことが、私個人にとっては理想である」と、聖者のような慎ましい願いを語っていました。

ヒムラーの有能かつ狡猾な部下ハイドリヒは、ヒムラーの脈絡のなさを内心、小バカにしていたようです。このハイドリヒと比較して、ヒムラーにこっそりつけられたあだ名に「4H」というものがあります。

H i m m l e r s　ヒムラーの
H i r m　頭脳
H e i s s t　と言えば

「ハイドリヒなしではやっていけない」という意味です。ですが、ハイドリヒが暗殺された後も順調に出世を続けました。ハイドリヒはチェコのレジスタンスに襲われた後（イギリスの謀略）、一週間後に亡くなっており、ヒムラーがとどめを刺したのではないかという陰謀論もあります。野心家のハイドリヒはヒムラーを追い落とそうと画策してもおかしくない男ですし、また、ヒムラーにはそう疑わせるはっきりした前科があるからです。

この陰謀論自体は根拠が薄いようですが、二重基準のヒムラーの人生は裏切りの連続です。

「長いナイフの夜」と呼ばれるヒトラーの党員粛清で、実力者レームとシュトラッサーのありもしない反逆をでっち上げて銃殺。二人はかつて世話になった上司です。恩はありこそすれ恨みはなさそうに見えるのですが、ゲーリングと共に動き回り百数十人を処刑しました。党員たちの「罪状」を練り上げ一〇〇名の処刑リストを作成した時、部下の粛清には消極的なヒトラーが、「功績のあった者は外そう」と二〇名まで減らしたのですが、ゲーリングと共にヒトラーを説得し、再度、人数を増やしてレームとシュトラッサーを含めています。

ですが、ヒムラーの人生の中で最大の裏切りと言えば、何と言っても「ヒトラー排除」でしょう。

ヒムラーの大出世は「忠節・服従」を「名誉」として、徹頭徹尾ヒトラーに仕えた結果です。ヒムラーが育てた親衛隊は常にヒトラーに手が届く距離に控えており、それはヒトラーの絶大なる信頼の現れでした。しかし、側近の中で唯一、最後にはっきりとヒトラーを裏切ったのは、やはりこの人だったのです。

「総統が命じれば私は実の母親であっても撃ち殺すだろう。そして、そんな命令を下すほど信頼してくれたことを誇らしく思うだろう」

かつて、このようなことを、おそらくは本気で語っていたヒムラー。けれど、もはや戦局が絶望的になった時、今までの思想と記憶を躊躇なく脱ぎ捨てます。ヒトラーに無断で連合軍と交渉し、ヒトラーを差し出す代わりに、自分を二代目の総統として認めることを要求しました。それを知り怒り狂ったヒトラーは、総統地下壕からヒムラーを罷免。裏切りを知った翌日に自殺しています。

しかし、連合軍へのヒムラーのそんな要求は通るはずもなく、結局、一般兵に変装して逃げたのですが、やがて捕まり、最後は捕虜収容所で服毒自殺をするに至ります。自分のような大物が一般兵と同じ粗雑な扱いを受けることに我慢ならず、自ら名乗り出たものの、連合軍の態度がまるで変わらなかったことに絶望したようでした。

傲慢なようで小心者にも見え、神経質な割に粗暴さを極め、現実の統治に優れた手腕を発揮する反面、幻想的な魔術研究にも没頭していた親衛隊指導者。多くの歴史家が「まったく理解できない」と音を上げるヒムラーですが、ナチス内でのヒムラー評は「規則を守る」「人の話をよく聞く」「よく考える」「部下の行動をよく見ている」などの常識的なものばかりです。ただし、そのささやかで一般的な長所が「すべて集まるとどれほどの能力になるかは、ヒムラーを見れば分かる」と軍需大臣のシュペーアは述べています。

ヒトラーは自殺直前までヒムラーの謀反にまったく気づかなかったようですが、外国の風刺画家たちは事が発覚する前から予測していろいろ描いています。プロパガンダであるとしても、ゲッベルスやゲーリングの謀反ネタは見ないのに、ヒムラーだけが普通にあります。ヒムラーの経歴を知るがゆえか、ヒムラーの権力が巨大化しすぎていたためかは不明です。

「優しすぎる動物愛護者」と「大量虐殺の責任者」、「忠臣ハインリヒ」と「最大の裏切り者」を同じ人格上に繋ぎ、そういった人物を権力の中枢に据えるナチス。最も理解しにくいヒムラーの心が分かれば、あの時代のドイツの、狂おしいまでのヒトラー崇拝に答えが返ってくるのでしょうか？

ナチス党本部から「ユダヤ人ボイコット令」が布告された。
各地から収容所に緊急連絡が入る。

ドミトリー・モール〈ソ〉

一九四三年。

キャプション

「すべてはГで始まる」

◉ローマ文字の「H」は、キリル文字の「Г」に転写されることが多く、ヒムラー、ゲーリング、ヒトラー、ゲッベルスは、ソ連のキリル文字だとすべて同じ頭文字で表すことができます。

　頭文字を四つ組み合わせるとハーケンクロイツになります。

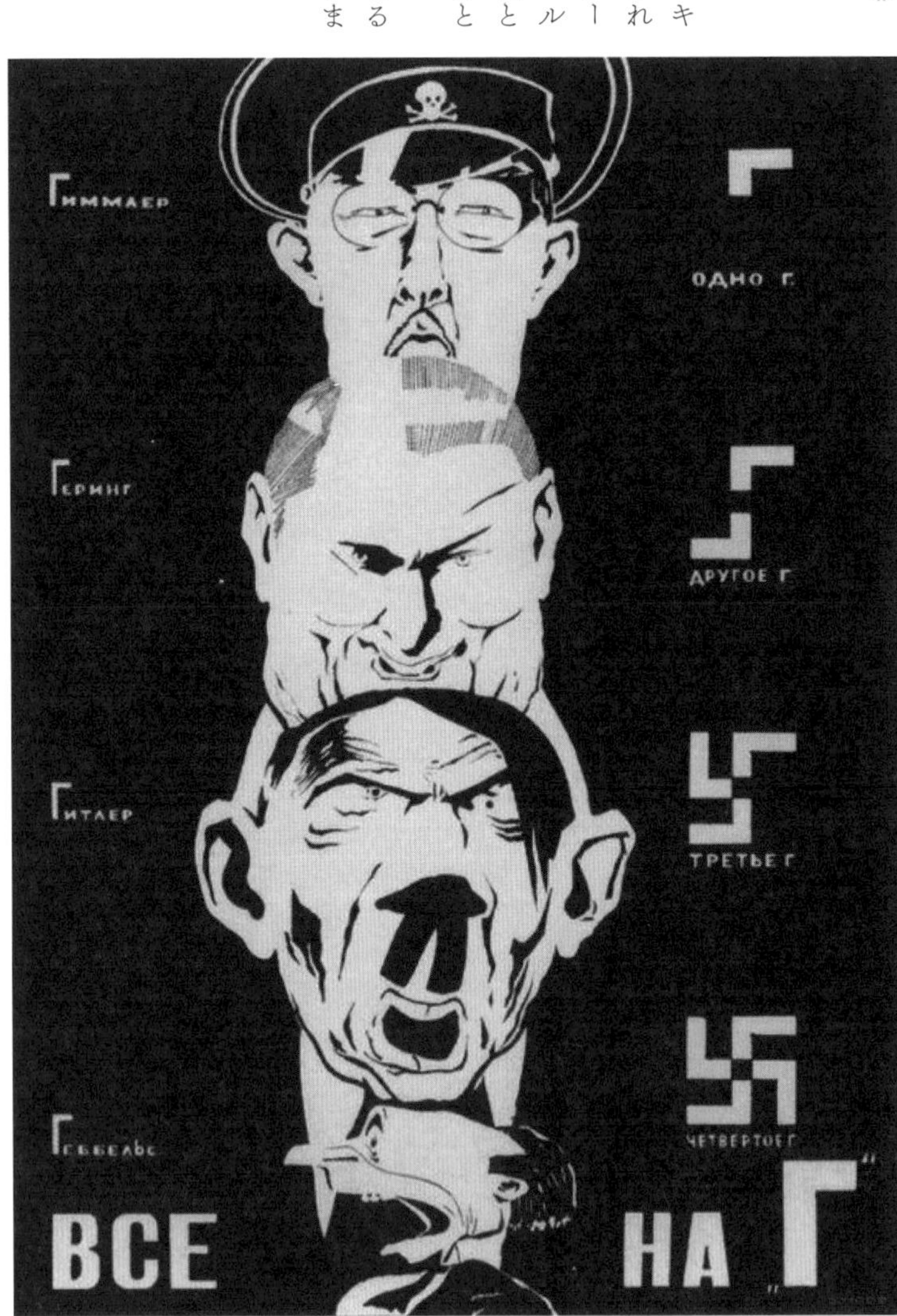

レスリー・イリングワース〈英〉
一九四四年。
キャプション
「ご覧ください！　すべては順調で、我々の愛する総統も無事なのです！」
◉忠誠の言葉を唱えながら、連合軍に総統を差し出すヒムラー。ヒトラーの足下には血だまり。連合軍側の面々は唖然としています。
　左はイギリス製の謀略ヒムラー切手。謀略切手は敵国に心理的ダメージを与えるために作られました。ヒムラーがそのうちヒトラーを排除して、総統に収まるだろうという嫌味です。連合国が作ったナチス謀略切手は、ヒトラー以外はヒムラーしかありません。

1943年 ソ連まんが
音楽の歴史

＊ククルイニクスイは3人組のまんが制作グループ。皆で描くので 104 ページと絵が違います。

総統秘書 マルティーン・ボルマン

妄想狂でも国を支配することができる（ヒトラー）
見栄一筋でも国を支配することができる（ゲーリング）
嘘八百でも国を支配することができる（ゲッベルス）
存在感なしでも国を支配することができる（ヒムラー）
事務しかしなくても妄想狂を支配することができる（ボルマン）

ボルマンは単なるヒトラーの個人秘書でありながら、「影の総統」と恐れられ、党幹部にさえ脅威を与えた人物です。冷酷非情で、また急激に力を伸ばした成り上がり者のボルマンには、党内の反感が絶えませんでしたが、ヒトラーは彼に絶大な評価を与えていました。

ボルマンは初めはヘスの個人秘書でした。が、飛行機に凝ったり占いに凝ったりして現実感の薄いヘスに手を焼いたヒトラーは、ヘスに与える仕事をその頭越しにボルマンにやらせるようになってゆきます。そこへもってきて、ヘスのイギリス飛行が起こりました。ボルマンはそのままヒトラーの秘書へと滑り込み、党内序列に無関係な有力者が誕生したのです。

ボルマンがヒトラーに気に入られたのは、その事務処理能力の高さゆえです。膨大な資料を極めて簡潔にまとめ上げ、忙しいヒトラーが書類に費やす時間を激減させました。また、公私を問わずヒトラーに影の如く張りつき、常にメモを取り、ヒトラーの考えや趣向や感情を正確につかみ取り、その時々、その瞬間に求められている答えを的確に提供します。ヒトラーとの食事の際には、ヒトラーに合わせて自分も菜食主義者となり、さらに、ヒトラーの読みそうな本を手分けして自分の部下に読ませ、そのレポートを熟読し会話も合わせます。ヒトラーの犬好きに注目し、ペットとなるブロンディをプレゼントしたのもボルマンです。

妻も非常に積極的にヒトラーの考えに従いました。公然と浮気を繰り返すボルマンに文句を言わず、ボルマンが自分と愛人の間を行き来して、アーリア人の子供がたくさん増えるのを良いことだと考えました。妻との間だけで一〇人の子供がいます。

さらに、ヒトラーの「金庫番」という重要な役目もありました。公私を明確に分け、汚職をしないヒトラーには、『わが闘争』の印税くらいしか財産がなかったのですが、ボルマンは他に「肖像権」で稼ぐことを捻り出しました。ドイツ国内や占領地で発行された切手には、ヒトラーの肖像を用いたものが多くあります。ここに肖像権を主張して税を徴収することで、『わが闘争』と「切手」がヒトラーの財産の二大柱となりました。

「ドイツ人はユーモアを解さない」とよく言われるが、まったくの誤解である。『わが闘争』のような怪奇・冒険ファンタジーが大ベストセラーなのだから。

〈右〉本物（ドイツ製）
〈左〉偽物（アメリカ製）

「ヒトラーの金庫番」に加え、「党の金庫番」としての役割も、ボルマンの権力拡大に大いに役立ちました。ボルマンは産業界が寄付をする「アドルフ・ヒトラー・ドイツ産業界基金」の責任者でもあったのですが、ここで集まった寄付金は党内各組織に分配されます。この分配金獲得のためにも、ボルマンは党員たちにとって無視できない存在でした。

ヒトラーの秘書として、ヒトラーが誰に会い、また、どの書類にサインするかを振り分けるのもボルマンの仕事です。「総統ヒトラーの意志」にたどり着く前に「総統秘書ボルマンの意志」をクリアせねばならず、その権限を思う存分活用するボルマンには「敵」ばかりが増えてゆきます。穏健派のシュペーアですらボルマンを嫌っていました。同じように権力者であっても、目立たず、礼儀を忘れず、居丈高に振る舞わず、権利の主張を控えて、党内に「敵」を作らなかったヒムラーとは随分、異なっていたようです。

しかし、敗戦直前、ヒムラーがヒトラーを裏切るような状況となっても、ボルマンは最後まで総統の傍を離れず、自分の職務を誠実に果たします。ベルリンを包囲したソ連兵が間近に迫ってきても、ヒトラーの自殺を見届けるまでは小さな総統地下壕を守り続けました。

その後、脱出したボルマンは長い間、行方不明で、南米での生存説なども流れていましたが、一九七二年、工事現場から偶然、ボルマンらしき遺体が発見されます。その後、歯形やDNA鑑定で本人と認められました。脱出後、間もなく自殺していたようです。（ソ連戦車の砲撃で吹き飛ばされたという説もあります）。

ボルマンの物語は「戦闘」や「スパイ」や「宣伝」や「建築」などの特殊任務ではなく、「事務」という地味な職種ながらに国政に君臨した、珍しい男の一代記です。

産業界の重鎮がボルマンのところへ秘密の個人献金に来た。
究ではなく、あくまでボルマン個人に対してである。
ボルマン「私は総統秘書として、そんな話は聞きたくない」
ボルマン「だが、総統秘書として、国民の気持ちを聞いておこう。いくらかね？」

ナチスの人間関係を如実に表す写真〈下〉

何かを説明しようとしているヘス（右端）

興味を持って聞いてやるヒトラー（左から二番目）

いちいち口を出して自分が主役になろうとするゲーリング（右から三番目）

ヘスの話になど興味が沸かないヒムラー（右から二番目）

ヘスとゲーリングに見向きもせずヒトラーだけを凝視するボルマン（中央）

関係ないのにヒトラーにくっついている主治医モレル（左から三番目）

ナチスの会合に普通に混じっているムッソリーニ（左端）

（この写真の左右にドイツ国防軍将校たちも映っていましたが、カットしています）

戦後の日本の方向転換を如実に表す生物〈上〉

地獄の独裁者ヒトデヒットラー

（制作）毎日放送、（企画）東映

「仮面ライダーX　第二六話「地獄の独裁者ヒトデヒットラー!!」より

一九七四年八月十日放送。

「ヒトデロケット」や「電気ヒトデ」を武器に、日本滅亡を企んだヒトデヒットラー。しかし、ライダーキックで退治されてしまいました。

軍需大臣 アルベルト・シュペーア

Q：総統官邸の前を通ると、中から楽しそうな男性の歌声が聞こえてきました。
歌っていたのは誰でしょう？
① 冷静な総統
② 慈悲深い総統
③ 不機嫌な総統

A：③ 不機嫌な総統
あとの二つは存在しない

ヒトラーの生涯の中で、数少ない「友人」に挙げられるのが軍需大臣シュペーアです。ヒトラーお気に入りの天才建築家としてスタートした彼は、暴力と残酷さでのし上がっていった他の党員たちの中にあって、「知力」「文化力」で勝負した珍しいナチスでした。どの国にあっても確実に成功しただろうと思われます。

はじめ、宣伝省に依頼された建築をしていた時、その仕事ぶりに感心したゲッベルスがヒトラーに引き合わせました。若い頃、建築家を志したヒトラーはシュペーアの建築物を褒め称え、「芸術仲間」として総統と部下を超えた関係を築くようになります。

シュペーアの最も有名な作品は「ツェッペリンフェルト」です。一九三四年の党大会のために、ヒトラーは異例の人抜擢を行うのですが、それが二八歳の建築責任者シュペーアでした。二四万人収容（グラウンドにも整列した場合の計算）の巨大スタジアムの設計コンセプトは「廃墟になっても偉大な建築」。千年のちに帝国が崩壊した後も、人々が残像を名残惜しむような風情と大きさのある建築です。

完成した姿はヒトラーの期待を上回り、さらに一三〇本のサーチライトが大会を飾りたてました。空軍のほとんどすべてのサーチライトを借りてきて、夜空に垂直に放たれた「光のドーム」の美しさは伝説となっており、現代のロックコンサートでもこの手法が盛んに使われています。当初、「もし、大会中に攻撃されたらどうする？」とゲーリングに猛反対されたのですが、「イベントにこれだけ集められるなら、他国はドイツが溺れるほどライトを持っていると勘違いするはずだ」というヒトラーの論理で実行されました。

他にも「新総統官邸」など、次々に壮麗で斬新な建築物を造ってゆくシュペーアに、毎回、ヒトラーは大喜びしていました。ヒトラーには「世界首都ゲルマニア」構想というものがあり、世界征服を果たした後は、ベルリンに人類最高の都を創り上げるつもりでした。仕事中でもシュペーアが尋ねてくると放り出して、ゲルマニアの設計図を一緒に描いたりしていたそうです。

二人で散歩中、意見が合わず気まずい雰囲気になった……ということがあったのですが、その時の写真を見ると、むしろ、背中を丸めてしょげているのはヒトラーの方です。逆にシュペーアはベンチに手をかけ堂々としています。ヒトラーの顔を知らない人に（そんな人はいないでしょうが）「ボスはどっち？」と尋ねたら、おそらくは「右の人」と答えるのではないでしょうか。こんなショットはシュペーア以外のどの幹部でも撮れません。

そんな独特のポジションを持つ建築総監は、独ソ戦勃発の半年後、軍需大臣へと任命されます。軍事にはまったくのド素人であるシュペーアは、しかし、ここでも有能ぶりを見せつけました。

兵器工場を国営から民間に替え、「責任者」をはっきりさせて、同一工場同一生産方式をとり、昼夜二交代、もしくは三交代制のフル稼働。爆撃に次ぐ爆撃をものともせずに兵器増産を果たしていくシュペーアに、イギリスの新聞が「脅威はヒトラーではない。シュペーアだ」とまで書きました。極端な短納期の時でさえ、工夫して予定を守った建築総監は、軍需大臣になっても同じ手腕を発揮したのです。

そして、この「手際の良さ」の中に含まれるのが「調整能力」です。仲の悪い陸海空軍が、われ先にと要求してくる兵器の注文を、バランスをとりながら誰も憤慨させず、優先順位をつけてこなしていくような芸当は、他の人にはできません。(ここに武装親衛隊の注文や、ヒトラーの「思いつき！ 突然！ 新兵器開発命令」まで加わります)。やりにくいポジションに就いた入党の遅い若年大幹部でありながら、どの側近にも足を引っ張られなかったようで、随分な「人たらし」だと言えるでしょう。やはりナチスには珍しいタイプです。戦後のニュルンベルク裁判ですら、明らかに首席検察官にヒイキされており、「要領が良すぎるのではないか?」という批判が出たくらいです。

ですが、いよいよ敗戦は逃れられないところまで迫ってきてしまいました。

「連合軍に利用されるくらいなら壊してしまえ」と、ヒトラーはドイツの橋や道路や発電所などのインフラ破壊を命じます。ドイツを自ら原始に帰そうとするヒトラーの命令に、激しく抵抗したシュペーアですが、ヒトラーは考えを変えません。ヒトラーにとっては、「勝利か、しからずんば死か」という、初めからの信念に従ったまでなのでしょう。「ドイツが負けるということは、ドイツ国民には生きる価値がなかったということだ」の言葉も、自分とドイツ国民、両方に対してだったと思います。

シュペーアは結局、ヒトラーを裏切ったことになるのでしょう。「敗戦後の復興」を見据えて命令を実行せず、ヒトラー自殺の一週間前に総統地下壕を訪れ、自己の行為を告白します。シュペーアの回想録によると、ヒトラーは涙で溢れた目でシュペーアを見つめ、黙り込んだそうです。そして、シュペーアが地下壕を退出する時も、一言「さよなら」とだけ言って冷たく背中を向けたそうです。

ニュルンベルク裁判でシュペーアは唯一、自分の戦争犯罪を認めた被告となります。(後、数名が認めました)。

「収容所の実態については知らなかった」としていますが、「収容所建設に関わっているシュペーアが知らないはずはない」という疑惑もあります。

しかし、二〇年間の拘留を経た後、シュペーアは釈放されました。

「もし、私が何もかも知っていたならば、私は別の行動を取っただろうか。私は何百万回もこのことを自問した。出てくる答えはいつも同じだった。私はそれでもなお、この男が戦争に勝つように、なんとかして協力しただろう」

こんな言葉が残っています。

シュペーアが手がけた美しい建築物の数々は、戦争で破壊され、現在はわずかしか見ることができません。シュペーアの才能はヒトラーの保護下で大きく開花しましたが、ヒトラーと共に滅び去ってしまいました。平和な時代でも間違いなく活躍できた人物なので、犠牲者なのかも知れません。

戦後、アメリカ人とドイツ人が出会った。

アメリカ人が聞いた。

「ナチスの建物はなぜ、あんなに大きかったのですか？」

ドイツ人が答えた。

「撹乱作戦のため、各所で大勢の総統の影武者を養成していたからです。その中から裏切り者が出て、あなたの国で映画を作りました」

この「映画」とはもちろんチャップリン『独裁者』のことです。文化は政治と密接に結びついており、『独裁者』は元々の構想ではナポレオンを主人公にしたストーリーでしたが、ナチスの脅威が増大してくるとヒトラー・モデルに切り替えられました。フランスがドイツに敗戦した一九四〇年にアメリカで公開され、公開と同時に大ヒットしています。

また、それ以前のピカソの「ゲルニカ」にしても、その制作過程も評価も極めて政治的です。スペイン内戦時、クーデターを起こした反乱軍や、反乱軍を支援してゲルニカ爆撃を行ったドイツに抗議するため、ピカソはなんとスピード重視で、劣化の激しい工業用ペンキで絵を描きました。発表当時はピカソの作品としては不評だったのですが、第二次世界大戦が始まると「世紀の傑作」と謳われるようになります。

本来、政治と無関係なはずの、子供を対象としたマンガやアニメにも嵐のごとく政治が持ちこまれ、ディズニー・キャラクターやスーパーマンなどのヒーローたちがヒトラーをぶちのめす大活躍を見せます。ディズニー映画『総統の顔』に至っては、一九四三年正月公開でありながら、一九四二年度の作品を対象とした「アカデミー短編アニメ賞」を受賞しました。

昔ながらの童話を用いて絵本のように描かれたものも多いです。なじみ深いストーリーのパロディは誰にとっても分かりやすく、より広範の人々に訴えるためでしょう。絵葉書、雑貨、小物などの生活用品や娯楽用品、詩や小説や音楽にもヒトラーは登場し、いつも懲らしめられています。（も

映画『独裁者』
監督・脚本・主演・制作　チャーリー・チャップリン（米）
一九四〇年公開。

ちろん、枢軸国は逆に反連合国ネタでいろいろなものを作っていますが）。

日本では、ナチス・ドイツ成立時には人種差別に反感を持つ人が多く、ヒトラー風刺の落語（九八頁）まで創られていたのですが、日米・日英関係が悪化してくると政府も国民も親独に急旋回しました。

しかし、敗戦。ナチスと手を切った後では『独裁者』が公開され、また、テレビ番組『仮面ライダーX』や地下鉄「東京メトロ」のポスターなど、公共性の高いものにも頻繁に反ナチスが登場するようになります。もう一つの同盟国・イタリアでも「ヒトラー＝ユダヤ人説」が雑誌で特集されるなど、ナチスは揶揄され、糾弾され、「悪のシンボル」として全世界で定番中の定番となりました。

風刺とプロパガンダの境目ははっきりしませんが、その中の優れたものが「芸術」と呼ばれます。

豚の貯金箱〈不明〉

縛り首バッジ〈米〉

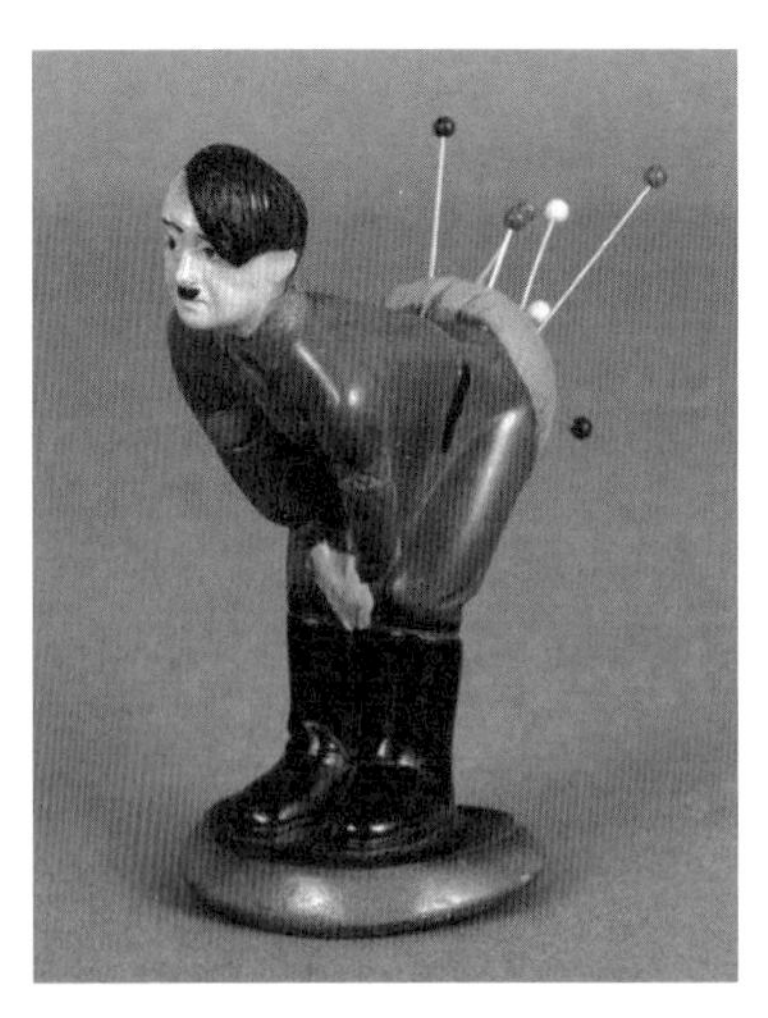

お針子〈米〉

『総統の顔』宣伝ポスター〈米〉
一九四三年一月一日公開の短編映画。
◉「ドナルドダック・シリーズ」第四一作品。(制作)ウォルト・ディズニー・プロダクション。(監督)ジャック・キニー。

ドナルドダックは水兵なので、ディズニーを代表して闘います。「ナチランド」の独裁者に苦しめられた悪夢から目覚め、自由の国・アメリカの素晴らしさを確認する感動映画。

ヒトラーの顔にトマトが投げつけられてエンディングを迎えます。

映画公開前にオリバー・ウォレスによる主題歌がリリースされ、大ヒットを飛ばしました。

グレーゴア・ラビノビッチ〈スイス〉

一九三八年。

キャプション

「恥ずかしがらないで、小さなスイス！旗の大きさがすべてじゃないから」

◉小さなスイスの旗を持つ少年の横で、これ見よがしな大きな旗を掲げる大国の大人たち。

掲げられた旗はドイツ、イギリス、イタリア、アメリカ、ソ連など。

大国の覇権争いがとても迷惑な、永世中立国スイスの叫び。戦争が始まった場合、中立を掲げていても、その思いが尊重されるかどうかは大国の意思にかかっています。

第二章

ナチスの奇怪な発想

作者不詳〈オランダ〉

一九三三年。

キャプション

「同伴者」

◉ヒトラーと死神が親密そうに何かをささやき合い、後方には倒れている人や、木に吊るされた死体が見えます。ヒトラーが縄を、死神が釘と「自殺」と書かれた紙を持っています。

ナチス・ドイツ成立後、ナチス自らがそれまでに国内外で描かれたヒトラーの風刺画を集め、本を出版しました。「風刺画家たちはこんなバカなものを描いていたが、総統はドイツの平和を保ち、国民に支持されているではないか」と意趣返しするためです。国内での反対意見には収容所が待っているので、誰も否定できません。

オランダの新聞に掲載されていたこの作品と、本書の扉絵に載せたベルゼンのヒトラー画も、コレクション本に入っていました。

ヒトラーとキリスト教

Q：神とヒトラーの決定的な違いを述べよ。

A：神は「我こそはアドルフ・ヒトラーに選ばれし者なり」と思ったことがない。

キリスト教とイスラム教はユダヤ教から派生した宗教です。

まずは、紀元前四世紀頃、各地のユダヤ文献などをまとめて聖書ができました。その後、生まれたユダヤ人イエスが、聖書のこれまでと違う新しい解釈をはじめ、「私が聖書で予言されたメシア（救世主）である」と名乗りました。ユダヤ人は激怒しますが、奇跡を行うイエスに信者の数は増すばかり。イエスの死後、弟子たちが、すでにある聖書は「旧約聖書」ということにして、新しく「新約聖書」も作ります。「新約聖書」では「イスカリオテのユダ」なる人物がキリストを裏切りました。

ナチスは「積極的キリスト教」という新しい宗教を唱えます。ユダヤ教には「新約聖書」はありません。これはキリスト教と純血主義を混ぜたもので、「キリストはアーリア人である」という主張をしました。そして、聖書の解釈を「ユダヤ人と積極的に戦うキリスト」としました。その上で、カトリック、プロテスタント、他、多数存在するキリスト教を一つにまとめ上げ、この「積極的キリスト教」をドイツの国教にしようとします。ユダヤ教と対立する姿勢は同じですし、「唯一神」と「専制君主」は「完全な服従をすれば素晴らしい褒美が手に入る」と教える面では構造も似ているのです。

二大キリスト教のうち、カトリックは「信仰と教会への奉仕」を説き、伝統を重んじます。プロテスタントは「信仰のみが救いをもたらす（聖書こそ絶対）」と説き、教会の権威は小さなものです。

ナチスがまず接近したのはもちろんプロテスタントでした。しかも、カトリックは総本山がローマ・バチカンなのでコントロールができませんが、プロテスタントにはそういったものもありません。プロテスタントを抱き込み、その後、カトリックも吸収する作戦を立てます。実際、プロテスタントの中にはナチスシンパの牧師も出てきました。ですが、ナチスはナチスを教会の上に置き、教会は教会をナチスの上に置くので、結局は上手くいきませんでした。ヒトラー時代のドイツにおいて、ナチスからある程度の距離を保てたのは「軍」と「教会」の二者だけです。


ドイツとバチカンの対立は交渉不能に陥った。

法王を退位させるべく、ヒトラーはヘルマン・ゲーリングを派遣する。

ゲーリングは成功したがヒトラーは後悔した。

美しい宝冠を奪取したゲーリングは、それをかぶって法王となり「ヘルマン一世」と名乗っている。


上手くいかない理由は他にもあります。

ナチスには障害者などの「劣等な遺伝子」を抹殺する「断種政策」等、中絶を認めないキリスト教にとって言語道断な政策や行為が多々ありました。また、キリスト教ではユダヤ人であってもキリスト教に改宗すれば「キリスト教徒」なので、その際は歓迎し「守る立場」に変わってしまうのです。


改宗ユダヤ人の娘が年ごろになった。

母親が「立派な婿が欲しい」という。

「立派な婿」とはどんな婿なのか？

母親「伝統的なユダヤ人家庭に生まれた敬虔なキリスト教徒の男性ですわ」

ナチスにとっては腹立たしいことでしたが、人口の大部分を占め、有力なナチス支持者を多数抱えるキリスト教会を弾圧することは、さすがに得策ではありません。それで、ヒトラーも口では「神への信仰」を語り、「過ちを犯した聖職者」を個人として罰するに止めました。他にはせいぜい、若者を聖体拝領に参加させまいとして、「ヒトラー・ユーゲント（ナチスの青少年組織）」の催しを教会のイベントにぶつけたり、細かい嫌がらせをするくらいです。教会は教会で、政治に干渉しないことでナチスの迫害を逃れました。

「過ちを犯した」真摯な聖職者はカトリック、プロテスタントともに存在しますが、総体としてナチスとキリスト教会は、当たらず障らずの微妙な距離を保ったまま終戦を迎えます。ゲーリングも法王になっておりません。

なお、ヒトラーは悪魔、死神、強盗、精神病患者、チンピラ、カインとして描かれることが多いですが、神、聖者、天使としての絵も結構あります。当然ながら嫌味です。

ナチスが教会にヒトラーとゲーリングの肖像画を持ってきた。
ふさわしい場所にかけろと言う。
困った神父はしばらく考えた後で、キリストの壁画の左右に掛けた。
翌日、礼拝に来た信者たちが唖然として見上げる中、
神父はおごそかに説教を始めた。
「今日は皆さんに、イエス様の受難についてのお話をします。
最後の時、ゴルゴダの丘を登ったイエス様は
二人の強盗の間で十字架に掛けられ……」

E・H・シェパード〈英〉

一九三七年。

キャプション1

「聖アドルフの鳥たちへの説教」

キャプション2

「この作品は、ドイツの美術画廊にぶらさげるのにふさわしい完全なアーリア人の絵として、雑誌『パンチ』より謹んで提供いたします」

◉コウノトリにもっとアーリア人の子供を運んでくるよう説教している聖アドルフ。イギリス風刺雑誌の代名詞『パンチ』掲載作。

R・シャンセル〈仏〉

一九三九年。

キャプション

「はりつけ」

スターリン「何、ハンマー？……ここにある！」

◉第二次世界大戦勃発時、独ソ不可侵条約を結んで東西からポーランドに攻め込んだヒトラーとスターリン。

ヒトラーはハーケンクロイツ型の十字架にポーランド人をはりつけにし、スターリンはソ連のシンボル「鎌とハンマー」のハンマーを使って共同作業を行っています。

ドイツとソ連、両国のそれぞれのシンボルを用いて、両国のイデオロギーの本質を突いた作品。

ユダヤ人迫害 ヨーロッパの理由

ドイツから亡命したユダヤ人が
その国のドイツ人に聞かせていたジョーク
「君たちは自分たちを優秀だというが、君たちの先祖が森でイノシシ狩をしていた時に俺たちの先祖はもう小切手の偽造をしていたんだぜ」

いいですねー。かっこよくないですか、このジョーク？　ドイツ人にやられっぱなしのはずのユダヤ人、上から目線です。しかもワルです。ローマ帝国の古代においてさえ、迫害されたユダヤ人が違法な賃金業をやっていたことを、逆に自慢しています。

チャールズ・ダーウィンが『種の起源』を著したのが一八五九年。一大センセーションを巻き起こしたこの本は、「生物は環境に応じて進化し、生存に適したものが有利な条件を残しながら次世代にその性質を伝える」と説きました。

ダーウィンの従兄弟のフランシス・ゴルトンがそれを人種に当てはめ、そこから派生させたのが「優生学」です。「優生学」とは生物の遺伝構造を改良し、人類の進歩に役立たせようとする学問のことで、病気の治療などに使うなら人類にとって有益です。しかし、これはあっという間に「人種差別」「人権侵害」「白人至上主義」に結びつき、欧米を席巻しました。

強者が弱者から搾取することは自然の法則に則っており、弱いもの＝生きる価値がないものとみなされ、ナチスに限らずアメリカやヨーロッパ各地で「劣等」の烙印を押された人たちが迫害されたのです。「民主主義」を掲げる国の植民地支配を正当化するために、この理屈はもってこいでした。

人間の尊厳を無視し、力（初めは生物的な力、次第に社会的な力も含まれてゆきます）の論理のみで生存の権利を選り分けるこの学問は、今では似非科学と蔑まれ打ち捨てられています。が、ナチスの時代には「最終的解決（ユダヤ人虐殺）」「障害者の断種・安楽死政策」等と結びつき、「そうすべき根拠」の説明に使われました。ヨーロッパ全体で歴史的にずっと行われてきたユダヤ人差別を、国家権力をフル活用し、圧倒的な規模で推し進めたのがナチスだったのです。（それまではソ連以前の帝政ロシアが「反ユダヤ主義」の牙城で、法も使って迫害していました）。

では、平均知能指数が高く、科学と文明の発展に多大な貢献をしてきたユダヤ人が嫌われる、その背景は何なのか？　迫害を受けた大きな理由が二つあると思われます。

一つめは二千年にわたるキリスト教徒との対立です。

国を持たない「離散の民」であるユダヤ人は、各国でキリスト教徒に囲まれながら生活しているわけですが、聖書を生み出したのはユダヤ人であるため、キリスト教徒に合わせて自分たちを変えようなどという意識はありません。一目でユダヤ教徒とわかる独特の身なりや習慣を保ち続け、シナゴーグを中心としたコミュニティを大切にして暮らしていました。キリスト教徒にとっては、「よそ者」がぬけぬけと自分たちの街を否定して生きているように見えたのでしょう。

中世の反ユダヤ主義の創作物など見ると、あまりにも一方的で偏見に満ち満ちており、「風刺」とはとても言えない下品なヘイトの嵐です。例えば広く流布された反ユダヤのモチーフに「ユダヤ人と豚」というのがあります。豚といっしょに四つ足で歩くユダヤ人、子豚に混じって母豚の乳を吸うユダヤ人、豚の肛門に口をつけ排泄物を食べるユダヤ人……。見るに堪えない中傷ですが、このようなものが大聖堂や教会や市役所や橋など、その地区を代表する建築物のもっとも目立つ場所に、一流の建築家の手によって彫刻されたりしていました。「ユダヤ人と豚」の建築物が多いのは間違いなくドイツなのですが、これを掲げた教会でドイツの宗教改革者マルティーン・ルターも説教し、その風潮を後押しする本を書きました。もともと多いのか、そのため、さらに増えたのかは不明です。

一神教を信じる人々にとって、異教徒はそれだけで憎しみの対象だったりします。他の宗教が別の神を信じていたり、または同じ神であっても、教えの内容が違っていたりすれば、それは自分たちの神を否定しているのと同じことだからです。プロテスタントこそが正しい宗教であるルターにとって、ユダヤ教は悪魔の宗教、それを信仰するユダヤ人も悪魔であり豚だったのです。

六百年にわたって彫刻や印刷物で増産され続けた「ユダヤ人と豚」は、図案だけならナチス・ドイツ政権下の反ユダヤ主義制作物の方がはるかにマシに見えます。ただし、もちろんナチスの迫害の方が軽かったというわけではまったくなくて、ルネサンスを経て芸術的素養を身につけた人々が、こういった原始的な表現方法では笑えなくなっただけなのですが。（しかし、ナチスはこの中世の建築も迫害に利用し、その「価値」を復活させました）。

ユダヤ人迫害の二つめの理由は嫉妬です。

ドイツでもそれ以外の国でもユダヤ人には成功者が多く、「よそ者」であるにもかかわらず、経済的に恵まれた人が大勢いました。実はこれは歴史の必然です。中世ヨーロッパのキリスト教会が「金貸し」を卑しい職業と定め、キリスト教徒がこの商売に手を出さなかったのに対し（モグリはいました）、ユダヤ教会はそのような基準を設けませんでした。天候悪化が飢饉に直結し、お金より食料そのものを持っていることの方が望ましかった時代には、キリスト教徒が「金貸し」を拒否しても、経済的なダメージが

現存する「ユダヤ人と豚（動物）」の彫刻
〈右〉フランスの教会
〈左〉ルターが説教したドイツの教会

少なかったのです。食料を保持し必要なものは物々交換で手に入れるのが、最も有効な生きる手段でした。

しかし、「離散の民」として土地所有の機会が与えられなかったユダヤ人が、農業や畜産業に従事するのは困難です。彼らの一部は生活手段として金貸しを始めました。あるいは商品を作って売りました。その後、大量生産、大量消費の産業革命が起こります。結果として利便性の追求が始まり、お金の価値はどんどん増して、農民、漁民、畜産業者より、銀行家や商人の方が潤う時代が到来したのです。

ただでさえ金持ちの多かったユダヤ人は、総体としてさらに豊かになりました。もちろん、すべてのユダヤ人が裕福なわけではありませんが、一部の大富豪が目もくらむような財力を手にしているので「ユダヤの金」が目立つのです。

こうして「差別されながら嫉妬される」という、ユダヤ人の特殊な立場が出来上がってゆきました。

マイアー・アムシェル・ロートシルト（＝ロスチャイルド）はロートシルト財閥の基礎を築いた。
彼の五人の息子たちは
フランクフルト、ウィーン、ロンドン、ナポリ、パリでそれぞれ大銀行家になった。
ある時、新聞記者がマイアーの妻に尋ねた。
記者「近々、戦争が起こると思いますか？」
マイアーの妻「私の息子たちが望めば起こりますわ。望まなければ起こりませんわ」

世界を動かす財力を握ったユダヤ人・ロートシルト一族への風刺です。上手いジョークなので実話とされて広まったようです。（前半三行は事実）。

ただ、当たり前ですが、大富豪はナチスが政権をとるや否や、国外の別荘へ逃げ出しており、まあまあの金持ちも有り金を持って逃げ出しており、残っていた大部分はユダヤの普通の人々です。ユダヤ人は総体としては裕福ですが、差別ゆえにむしろ極貧の人も多くいました。この人たちを迫害しても、本当は逆恨みを果たすことにさえなりはしませんでした。

1942年 ドイツまんが
仮面をかぶった連合国首脳

やつらは全員ユダヤ人

（事実はこいつらは全員、ユダヤ人ではありません）

作者不詳〈推定フィンランド〉

◉ヒトラーのコートの中からあふれ出る死体と、無数の墓標を進みゆく死神。

死神の鎌には「ダーウィニズム」と「人種差別主義」の文字。ヒトラーと死神は一つに繋がり、死神はドイツ軍のヘルメットをかぶっています。

「差別」がなぜ「民族絶滅」までいってしまったのか？　あれはヒトラーの犯罪なのか、ヒムラーの犯罪なのか、現場の暴走なのか？

人類史上、最大の犯罪については、この本のご監修をして下さいました芝健介先生の『ホロコースト――ナチスによるユダヤ人大量殺戮の全貌』（中公新書）が、総まとめで大変分かりやすいです。芝先生のご著書は専門的な難しい本が多いですが、こちらは一般人向けに基礎から書かれています。

クリスマスはイエスの誕生祭である。
人々の熱狂を見てヒトラーが占い師に相談した。
ヒトラー「私も永遠に祭典を開かれる男になりたい。どうすればよいか？」
占い師「総統にはすでに、その運命が定まっています」
ヒトラーは喜んだ。
ヒトラー「ほう、そうかね？」
占い師「総統の亡くなられた日にユダヤ人が祭典を開くでしょう」

ユダヤ人迫害ヒトラーの理由

ヒトラー自身にはユダヤ人を憎む理由があったのでしょうか？

どう見ても「貧富の差」や「宗教問題」での個人的感情はありません。ヒトラーは非常にストイックな生活を貫いた人で、酒もタバコも女も料理も服も、およそ贅沢とされることには生涯、無縁で、私腹を肥やしませんでした。

「ナチスの文化」といえば「豪華絢爛」と相場が決まっているのですが、これはヒトラー個人の楽しみではなく、ドイツの力を外国に誇示することが目的です。「ドイツ」を外してヒトラー個人を飾り立てたことは一度もありません。そんなヒトラーが「ユダヤの金」を妬んで、ユダヤ人を迫害することは考えにくいのです。

また、ヒトラーは一応、キリスト教徒として登録していますが、神を信じているようには見えません。ピンチの時でも祈らないのです。教会については疎ましくさえ感じていました。ただし、「神に選ばれしわれらが総統」とは自分で思っているようで、そのあたりは謎ですが。なので、宗教上の理由からユダヤ人を憎む理由もなさそうです。

プライベートでユダヤ人にひどい目に遭わされた形跡も見当たりません。それどころか、世話になったエピソードならあるようです。ヒトラーの愛する母はヒトラーが一七歳の時に亡くなっていますが、父母ともに「反ユダヤ主義者」ではなく、その母の病気を治療したユダヤ人医師には、ヒトラー自身が感謝の念を述べています。

第一次世界大戦前はむしろ、差別されるユダヤ人に同情していたと自ら語っており、激烈な差別主義者となったのは戦後です。また、戦前はドイツ自体がヨーロッパの中では比較的差別が少なく（「ユダヤ人と豚」建築は中世の話です）、法的な平等が達成されていて、ユダヤ人にとって住みやすい国でした。しかし、敗戦とともに、それが一八〇度ひっくり返ります。

第一次世界大戦において、ドイツは戦闘で負けたわけではありません。戦闘なら勝っていました。

大戦真っ最中に「ロシア革命」を起こしたレーニン、トロツキーら共産主義者は、ロシアの領土を大規模に放棄して（いずれドイツがもらう算段）ドイツと単独講和し、また、フランスに攻め込んだドイツ軍も最後までフランス国内に陣取っていました。東部戦線と西部戦線の両方でドイツ軍は戦果を上げていたのです。

ですが、疲弊して去ったロシアの代わりに元気いっぱいでアメリカが参戦してきました。英仏米と強国はすべて敵です。さらに、資源も人材も枯渇してきて、この先はどう頑張っても勝てる見込みがなくなったので、国土に攻め込まれる前に政府が降伏を決断したのです。つまり、ドイツは戦闘で勝っていながら、戦況で絶望的に負けているというややこしい状態にあり、多額の賠償を課されて降伏することに国民は納得しませんでした。

ましてヒトラーの気性では驚天動地、絶対にあってはならないことでした。そして、その「あってはならないこと」が起こってしまった理由を考えた時、出てきた答えが「ユダヤ人の陰謀」「背後からの一突き」論だったのです。

散り散りに暮らしながらも各国を繋いで連携しているユダヤ人と社会主義者たちが、スパイを働きドイツを敗北させたという説がドイツ中を席巻しました。中でも敗戦の責任を負わされたくない軍の最高幹部たち（ヒンデンブルク元帥やルーデンドルフ将軍）が、積極的にこの説を広めました。国民はこれを受け入れます。内部からの裏切りなしに、押しているドイツが降伏するなど「ありえない」からです。誰よりも強く信じた超愛国者ヒトラーは、これを機に問答無用の反ユダヤ主義者となり、以降、その復讐心を看板として「ドイツ総統」への道を駆け上がってゆくのです。

「ユダヤ人を信用したために負けてしまった」

ヤケを起こした国民が叫び、ヒトラーが確信します。ヒトラーが主導し、国民が追従します。それまでの国に対する貢献度などはまったく考慮されず、世界大戦の志願兵や遺族や、「史上最大の天才」と謳われたアインシュタインなどであっても容赦はされません。上手くいかない時は、その原因を誰かのせいにしたくなるのです。グッベルスもそうでした。もちろん、そんな証拠などどこにもありはしませんでしたが。しかし、国民感情に支えられた「総統ヒトラーの意志」は、ドイツ全体を飲み込んで膨れ上がってゆきました。

（実話）相対性理論を研究中のアインシュタインが言った。

「もし私がこの研究に成功すれば
ドイツ人は私をドイツの宝だと言い
フランス人は私を人類の宝だと言うでしょう。
しかし、失敗したなら
フランス人は私がドイツ人だから失敗したと笑い
ドイツ人は私がユダヤ人だから失敗したと責めるでしょう」

作者不詳〈オーストリア〉

一九一九年。

◉敗戦翌年に発売された絵葉書の図案。「背後からの一突き論」をそのまま描いたもの。オーストリアは第一次世界大戦中のドイツの同盟国です。

アインシュタインは成功しましたが予測は外れました。ヒトラー政権誕生によりアメリカへ亡命したアインシュタインについて、アメリカ人は「彼はアメリカの宝だ」と言い、フランス人は「彼は人類の宝だ」と言い、ドイツ人は「ユダヤ人がドイツの宝を盗んだ」と言いました。第三帝国は彼を国家反逆罪に問うています。

とはいえ、もちろん、全ドイツ人がみなユダヤ人を嫌悪していたわけではありません。商売上手のユダヤ人とタッグを組んで、一緒に繁栄していたドイツ人も少なからず存在しました。昔からあるスローガン「ユダヤ人は我らの不幸！」をもじって、「ユダヤ人は我らの幸福！」とこっそり囁き合っていた人々もいたようです。

ヨーロッパの歴史を世紀単位で眺める時、大変皮肉で奇抜で、ですが、興味をひかれてしまう考察もあります。ユダヤ人と共存中は発展していた地域が彼らを迫害して追い出すと衰退し、かつ、彼らが逃げ込んだ町は豊かになる、しかし、新たな町で迫害が始まると彼らはまた別の場所に逃げてゆき、今度は新たな避難先が栄える、その繰り返しが各地方の栄枯盛衰の原因なのだというものです。

おとぎ話風でありつつ、陰謀論に繋がるものとも思えますが、事実はどうだったのでしょうか？　ユダヤ人はここでも「弱者でありつつ支配者でもある」摩訶不思議な民族とされています。

「劣等人種」ユダヤ人を侮蔑しながら、そのユダヤ人に「食いものにされる」ことを恐れて、アーリア人の楽園建設を目指したナチスが、一目で分かるアーリア人の麗しい要素として挙げたものに「金髪、碧眼、長身」があります。美しさの基準は人それぞれで異なると思われますが、これが伝統的なヨーロッパの意識なのでしょう。

しかしながら、そう唱えるナチスの総統ヒトラーが堂々の黒髪、小男であることは、永遠の謎というより漫才のようです、ヒトラーに限らず、この三つをクリアしているナチス幹部はほとんどいません。

Q：純粋なアーリア人の条件とは？

A：ゲッベルスのように長身で、ゲーリングのようにスマートで、ヒトラーのような金髪であること。

当時のイギリスでは、皮肉を込めたこんなジョークが流行っていました。ここに「ヒムラーのように華やかで」と付け加えてもいいかもしれません。超有名四幹部は全滅します。唯一、ヒムラーの部下ハイドリヒはこの三条件を満たすイケメンなのですが、彼には濃厚なユダヤ人説がつきまとっていました。（実際にはドイツ人だったようです）。

しかし、そもそも「純粋なアーリア人」なるものが、人種融合が進んだ二〇世紀において、もはや学術的に不可能とされていたので、ヒトラー本人を含め誰も彼もが疑われたことは当たり前の話です。

「ヒトラー＝ユダヤ人説」の根拠は、①ヒトラーの祖父が誰なのかはっきりせず（事実）、②ヒトラーの祖母マリア・シックルグルーバーがユダヤ人の家でメイドをしており、その家の主人がマリアの生んだ子供（ヒトラーの父）の養育費を支払っていたこと（証言はあるが証拠なし）、③「シックルグルーバー」という姓で生まれたヒトラーの父が、二度、改名して「ヒトラー」になっていたこと（事実）ですが、これは今も疑惑としてよく話題に上ります。今のところ疑惑以上には進んでいないようですが。

では、ここで強烈なジョーク……、というより厳然たる「事実」を。

ユダヤ人は絶滅しなかった。
そのかわり戦後のドイツでは、アドルフという名前の赤ちゃんが絶滅した。

「ナチス式敬礼」のように法律で禁止になってはいませんが、名付ける親がいないようです。ご年配の「アドルフ・ヒトラー」さんたちはご健在です。

戦後、イスラエルのアナウンサーがいつもの調子で歴史番組の紹介をした。

「来週のこの時間は『ナチスの蛮行』です。お楽しみに！」

彼は職を失った。

ミェルニオール〈独〉
一九四三年。
キャプション
「ユダヤ人」
「戦争の首謀者　戦争の扇動者」
◉ドイツ公式ポスター。
カーテンを引くと、陰険そうなユダヤ人の大きな顔が現れます。そこに向かって拳を固める大勢の人々の手。第二次世界大戦でドイツの劣勢が明らかとなった一九四三年、こんな戦争を始めたのは国内、および外国にいるユダヤ人なのだと責任を押しつけています。

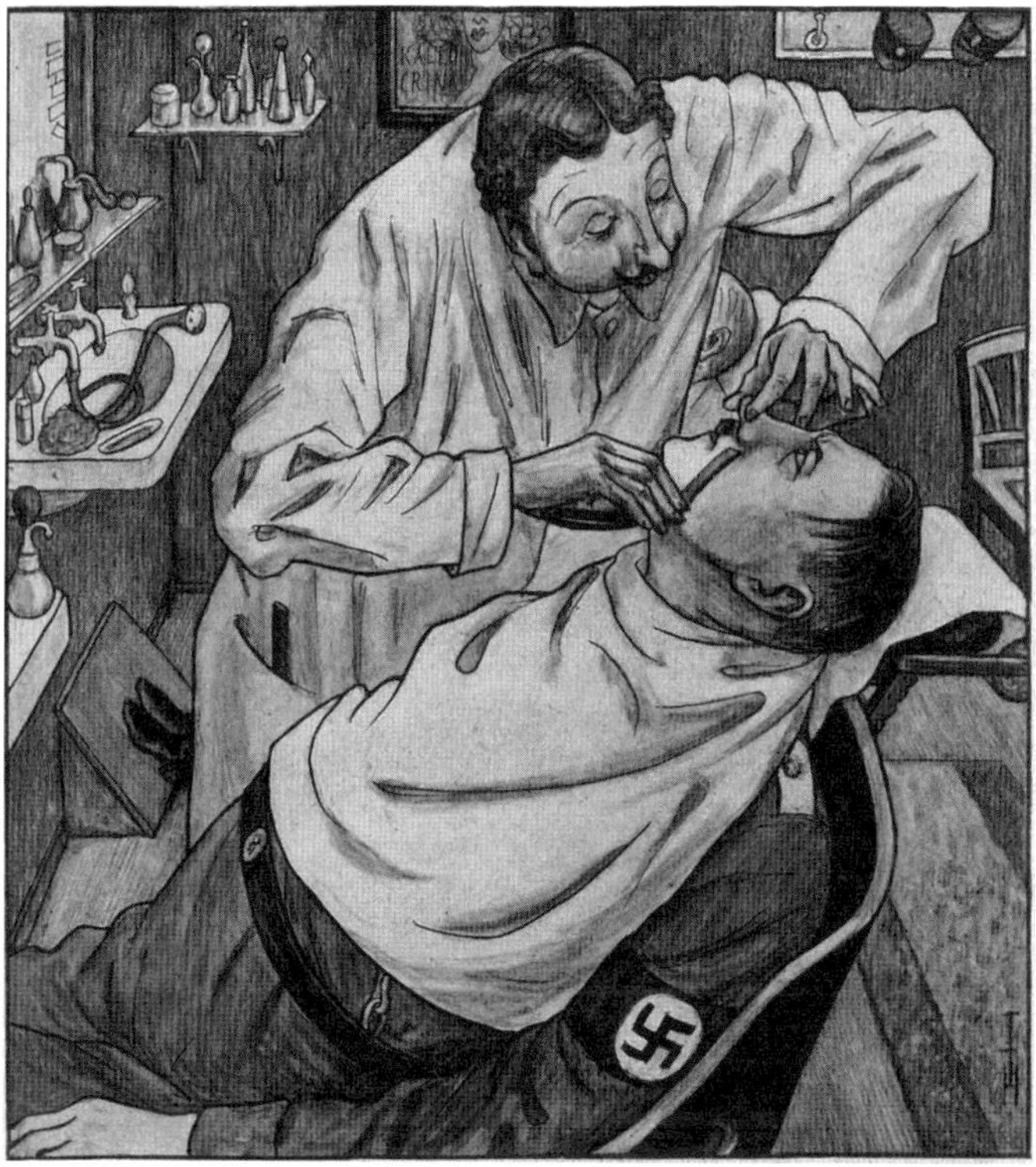

T・T・ハイネ（トーマス・テーオードール・ハイネ）〈独〉

一九三二年。

キャプション

「第三帝国では」

「当たり前のことながら、髪を金髪に染められるドイツ人はたくさんいらっしゃいます。でも、もし突撃隊最高指導者（ヒトラー）が金髪のユダヤ人は髪を黒く染めねばならないと命令したら、私たちの稼ぎはさらに上がります」

◉ユダヤ人らしき床屋が、黒髪のヒトラーのヒゲをそるフリをしつつ鼻をつまんでいます。ナチス政権下のドイツでは、実際、金髪に染めることが大流行したそうです。

　当時のドイツには発行部数最大の『クラッダラダーチュ』と、知識人に好まれた『ジンプリチシムス』という二大風刺雑誌がありました。これは『ジンプリチシムス』の発行人かつ、看板漫画家であるユダヤ人、T・T・ハイネの作品です。ナチス、聖職者、資本家などに対する痛烈な批判画を描きました。

　ナチス・ドイツ成立でゲスターポの逮捕リストに載ったハイネは、大成功した雑誌を捨ててチェコスロバキアへ逃亡。チェコがドイツに併合されると、次はノルウェー、スウェーデンへと移り住み、戦後まで生き延びました。ハイネを失った『ジンプリチシムス』ですが、それ以外のレギュラー（ドイツ人）はすべて残り、反権力の鋭い姿勢が売り物だった雑誌は以降、右方向へ急旋回しました。

アーサー・シイク〈米〉

一九四三年。

キャプション

「ユダヤ人が足りない」

テーブル上の紙「ゲスターポ・レポート　二〇〇万人ユダヤ人を処分した　ハイル・ヒトラー」

◉浮かない顔のナチス四幹部。ユダヤ人殺害の目標値が高すぎて、二〇〇万人殺してもまだ計画達成できないようです。

右上にシイクの手書きで「ポーランドのゲットーのどこかでドイツ人に殺された、愛する母を追悼して」とあります。

ポーランド系ユダヤ人のシイクはヨーロッパ各地で作家活動をしていましたが、大戦前にアメリカへ移住。しかし、ポーランド在住だった母と音信不通になりました。大戦勃発後、ナチスに捕らわれたものと思われます。これはその後に描かれた絵です。日米開戦後、大人気作家となったシイクはこの細密な画風にもかかわらず、スピードを落とさず精力的に作品を描き続けました。シイクの首にはナチスが賞金を懸けています。シイクの仕事を評価した米大統領ルーズベルト夫人から、「ペンを使う兵士」「たった一人の軍隊」などと称えられていました。シイクの人生を知りたい、またはもっと絵を見たい方は、袖井林次郎著『アーサー・シイク――義憤のユダヤ絵師』（社会評論社）が一冊まるごとシイクです。

Q：全体主義国家とは？

A：「してもよい」と言われたことをしないと、射殺される国家のこと。

千年帝国の実現に向け、健康なドイツ人を増やすため、ナチスは積極的な人口政策をとります。

失業者で溢れた当時、お金がなくて結婚できない若者のために「結婚資金貸付法」を制定。無利子で一〇〇〇マルク（当時の平均収入の半年分）を貸し付け、子供を一人生むごとに返済額を四分の一ずつ免除します。これは「少子化対策」と「失業者対策」の両方を兼ねており、大変効果がありました。

ナチス・ドイツでは「失業者」自体の数も激減していたのですが、こちらは若干のトリックもあります。この制度を受けるためには女性は専業主婦となることが条件で、つまり、女性の職を男性に振り分けて男性失業者を減らしていたのです。求職活動をしていない女性は「失業者」ではないので、その分、「失業率」が下がるということです。

ヒトラー政権以前のヴァイマル時代からウーマン・リブ運動は始まっており、働きたい女性もいたのですが、少なくとも伴侶の男性のニート脱出の可能性は上がるわけで、緊急時としては、やむをえない措置かと思います。ピーク時で六百万人の失業者が出ていましたので。不服な人は制度を受けなければよいだけです。

ナチスにおいては、アーリア人を増やすためなら、「未婚の出産はいけない」等のキリスト教的タブーは問題にされません。親衛隊員との関係で身ごもった未婚女性は、「純血」が認められれば「レーベンスボルン（生命の泉）」なる「福祉施設」に赴き、手厚い待遇で出産準備をします。ただし、生まれた子供は「ドイツのもの」であり、母親のものではないため、間もなく引き離され国家方針に則った教育が行われます。

アーリア人増産計画

レーベンスボルン計画は国内のみならず、占領地ノルウェーやデンマークにまで及びました。北方地域の住民はアーリア人の特徴をより濃く持っているということで、他地域と違い、ドイツ人兵士と現地女性との性交渉が奨励されていたのです。一九七〇年代に大ヒットしたポップグループ「ＡＢＢＡ（アバ）」のアンニ・フリッド・リングスタッドは、この計画により命を授けられた子供です。ただし、彼女が生まれる前にドイツは敗戦を迎えました。

アーリア人増産計画は、自然な男女の関係だけではありません。

「年齢三〇歳以上の未婚女性はすべて、『レーベンスボルン』に届け出て妊娠する義務がある。命令に逆らうものは、国家の敵として処罰されるであろう」と、ヒムラーが言っているのです。該当すれば売春させられるのかと恐れて結婚率が跳ね上がり、連動して出産率も跳ね上がっていきました。

これらの政策により、ヒトラーが政権を獲る前（一九三二年）に五一万人だった出生数は、政権奪取の年（一九三三年）には六三万人、翌年（一九三四年）には七三万人と、わずか三年で二〇％も上がっています。凄まじい急上昇です。

レーベンスボルンで「生産」された子供たちは四万人と言われていますが、そういった増やし方ではまだまだ目標に及ばず、そのうち、占領下の国々のアーリア人と思しき見た目の子供たちを誘拐してくるようになります。その数二〇万人以上。誘拐された子供たちは、つまり「金髪・碧眼」でした。

しかし、効率的なアーリア人増産のつもりであっても、人間の感情にまったく配慮しないこの方法によって、多くの子供が知的障害を抱えてしまったようです。戦後、ここで育った子供たちは逆に差別されてしまい、あえて能力を低く見積もられた形跡もありますが。「レーベンスボルン」は「福祉施設」と言えるような代物ではありませんでした。

アーリア人の子供は、粉ミルクではなくアーリア人の母乳で育てるのが望ましい。

国家のために、指示を守っているか監視しなければならない。
そんなアーリア人の母乳のもっとも素晴らしい点は？
パッケージである。

また、「健康は義務である！」をスローガンとして、ナチスは世界最先端の医療科学も発達させました。ドイツはもともと医学の先進国で、当時の世界の医学系論文はドイツ語で書かれるのが主流でした。ナチスの場合、「ナチ野郎の手柄など認めてたまるか」という心情が働き、事実、人体実験までしていますから「功績」にカウントされることはありませんが、研究の成果そのものはハイレベルです。

例えばガン研究は、一九五〇年代に米英でタバコの害の研究が始まったことになっています。なっていますが、それよりずっと前、ナチスは「タバコが肺ガンの主因である」と主張していました。「ガンは遺伝ではなく、主因は放射性物質、タバコ、アスベストなどの外的要因である」という発表は、当時の常識を覆すものです。「害」どころかアスベストは、耐久性、耐熱性、電気絶縁性に優れ、かつ、安価な「奇跡の鉱物」として、ドイツ以外の国々ではもてはやされていたくらいです。（他国の企業は害について知っていながら、利益優先で隠していた……とも言われています）。

「食品添加物の害」「自然栽培による安全な作物」など、他にも価値ある研究がたくさんありますが、これらの研究目的はもちろん、「アーリアの純血国家」のためでした。ドイツ人の福祉、健康を手厚く保護するシワ寄せとして、ユダヤ人には強制労働、長時間労働、危険作業への従事が課されることになります。また、障害者への「安楽死政策」もあったのは先に書いた通りです。

高度な文明を誇りながら、信じがたいほど単純で画一的で原始的な国家、それがナチス・ドイツでした。

女性ナチ党員たちが地獄に落とされた。
極卒が言った。
極卒「お前たちにはゲッベルスと抱き合う罰を与える」
女性ナチ党員たち「もう二度とお断りです」

アメリカ公式ポスター
一九四三年。
キャプション
「彼はあなたの子供ですか？」
「あなたはこんなことを望んでいない！」
「手遅れになる前に軍事公債を買いなさい！」
◉戦争シーンを背景に、ナチスの帽子をかぶるアメリカの幼児。公債を買って国に協力しなければ、ドイツが勝利してアメリカの子供がナチス化すると脅しています。第二次世界大戦中、各国とも軍事公債の宣伝ポスターはすごい数です。

アーサー・ジョンソン〈独〉

一九三四年。

キャプション

「ライヒ（ドイツ国）新編成法が発効した当日、記録的な出生数がベルリンにもたらされた」

「何という赤子たちの大盛況ぶりであることか！　誰もが『新国家直属の臣下』たらんと望んでいる！」

◉コウノトリが元気いっぱいなナチスの赤ちゃんをたくさん運んできました。

　その様子をうかがっているのはフランスの象徴・オスのニワトリとイギリスの象徴・ライオン。後方に見える建物はロシア正教教会。二頭の牛はスペイン・ファランヘ党（ファシズムに似ているが、まだ相違点も大きい。後にフランコが率いる）の党旗をイメージしています。

「ライヒ新編成法」によって強い権限を持っていた州議会が廃止され、ナチスの統制と強制的同一化はさらに進められました。

　この熱烈な作品を描いているジョンソンは、ナチス体制成立前からの一貫したファシストです。第一次世界大戦の時、すでに人気漫画家でしたが、ナチス・ドイツ成立後はドイツ代表と言ってもよい地位にありました。

アーサー・シイク〈米〉

米国アスベスト会社の宣伝ポスター。

推定一九四三年。

キャプション

「窃盗団にはアスベストはありません！」

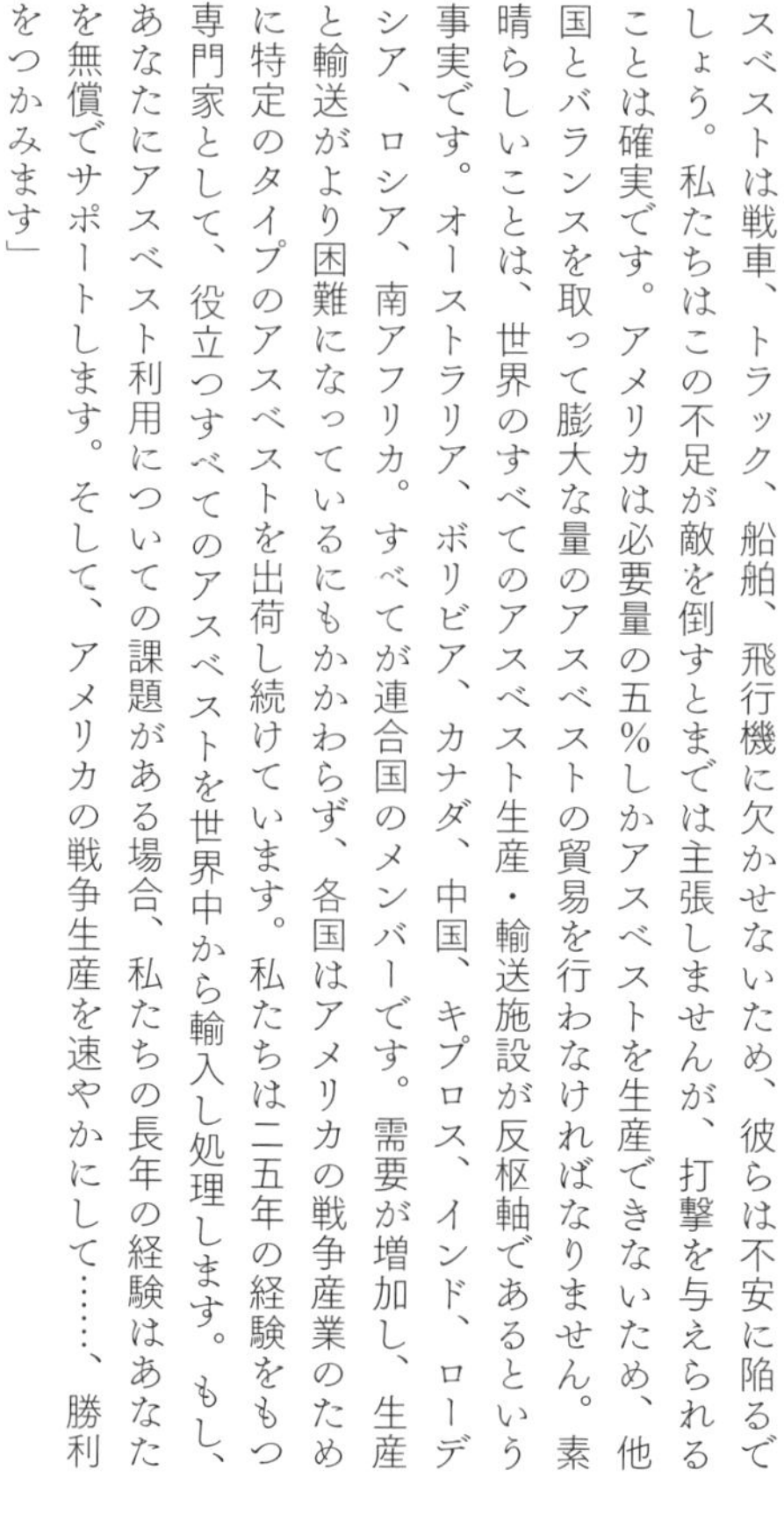

宣伝文「あらゆる戦利品を奪った枢軸軍が手に入れられなかったもの、それはアスベストです。戦争目的に適したアスベストのいずれも、独伊日では生産できません。アスベストは戦車、トラック、船舶、飛行機に欠かせないため、彼らは不安に陥るでしょう。私たちはこの不足が敵を倒すとまでは主張しませんが、打撃を与えられることは確実です。アメリカは必要量の五%しかアスベストを生産できないため、他国とバランスを取って膨大な量のアスベストの貿易を行わなければなりません。素晴らしいことは、世界のすべてのアスベスト生産・輸送施設が反枢軸であるという事実です。オーストラリア、ボリビア、カナダ、中国、キプロス、インド、ローデシア、ロシア、南アフリカ。すべてが連合国のメンバーです。需要が増加し、生産と輸送がより困難になっているにもかかわらず、各国はアメリカの戦争産業のために特定のタイプのアスベストを出荷し続けています。私たちは二五年の経験をもつ専門家として、役立つすべてのアスベストを世界中から輸入し処理します。もし、あなたにアスベスト利用についての課題がある場合、私たちの長年の経験はあなたを無償でサポートします。そして、アメリカの戦争生産を速やかにして……、勝利をつかみます」

●盗品の山の中で作戦会議をする日独伊。今見ると恐ろしいポスターを発見しました……。

1934年 オランダまんが

1934年のドイツ科学

ヴィルト教授「『オエラ・リンダの書』は我らが神聖なるドイツの富の軌跡の一つです」

「それは人種の偉大さを示す本物のドイツ主義の聖書です」

「ゲルマンの『文化』が紀元前2195年にすでに高いレベルにあったことは明らかです」

「ヴォドン神への奉仕とヴァルハラの概念にはキリスト教の原則がまちがいなく含まれていました」

ヘルマン・ヴィルト教授はオランダ出身のナチ党員文献学者で、
強烈なドイツ民族主義者。
最先端科学と原始信仰の共存する
ナチス・ドイツを象徴する人物の一人です。
『オエラ・リンダの書』と
幻の大陸アトランティスの研究に没頭しました。
『オエラ・リンダの書』は
古代ヨーロッパの歴史や神話や宗教について記された、
紀元前の古文書の写本ですが、偽書と言われています。
しかし、1934年に開かれた
ベルリン大学のヴィルトの講演に魅せられたヒムラーが、翌年、
「アーネンエルベ（神話や魔術の研究等を行う国家機関）」を創って
ヴィルトをトップに据えました。
ただ、この似顔絵はまったく似ていません。
締め切りまでにクッパーがヴィルトの写真を
入手できなかったものと思われます。

女のはなし

ヒトラーが世界征服の案を練っている。

ゲッベルスが言った。

ゲッベルス「童貞のまま三〇歳を迎えた者は、魔法使いになれるそうです」

ヒトラー「どんな魔法か？」

ゲッベルス「指先を駆使して外国と戦い、自室から一歩も出ずに王となり、存在しない相手とテレパシー交換できるそうです」

ヒトラー「誰が言ったのか？」

ゲッベルス「日本の匿名掲示板です」

ゲッベルスが続けた。

ゲッベルス「さらに、『総統も魔法使いに違いない』と匿名掲示板は申しております。総統は同盟国の若者に、勇気と希望を与えているようです」

……申し訳ありません。ふざけたジョークを採用しました。

ヒトラーが「魔法使い」とされているのは、最高権力者でありながら生涯を通して極端に女っ気が少なく、妻エバ・ブラウンとの出会いもヒトラーが四〇歳の時であるからです。可愛がっている姪がいたとか、ゲッベルス夫人と仲が良いとか、同じく部下のライ夫人に懸想したなどの話もありますが、恋人と呼べる関係ではなかったようです。

多感な一〇代の少年の頃、近所に住む美少女に恋をしたヒトラーは、その姿を見ようと毎日、毎日、なんと四年間、街角に立ち続けるのですが、結局、ただの一度も声をかけることなく終わったのだと、その頃の友人が証言しています。

ヒトラーと彼女の絵になる出来事は、お祭りの日、彼女が馬車の上から投げた花をヒトラーがキャッチした、その一度きりであるそうです。ヒトラーは受け止めた花をロケットにしまって大切にしていました。ヒトラーが彼女との接触を避けたのは、失恋が怖いからではなく、生身の彼女を知って自分の理想が壊れてしまうことが恐ろしかったようだと、友人は見ていました。この地を離れた後も友人と会う機会があると、彼女の近況などを気にして尋ねていたそうです。

女性関係限定ならヒトラーは小鳥のような清純派です。愛妻家で有名なゲーリングも清純派、女と見れば見境ないゲッベルスとボルマンは、人生楽しまなきゃ損派。泣く子も黙る親衛隊指導者でありながら妻に頭が上がらず、頭が上がらないくせに愛人を囲ったヒムラーは、なんだかよく分かりません。

初恋の後もずっと女出入りのなかったヒトラーは、世界恐慌後、政治家としての存在感が急上昇してきた頃に、写真店の店員エバに出会い、生涯、大切にしました。ただ、「私はドイツと結婚した」と述べるそのままに、エバの存在はナチス幹部にさえ長い間、気づかれないほど秘密にされており、結婚に至ったのも自殺の前日です。

つまり、エバは自己主張をせず、ヒトラーの意向に決して逆らわない従順な女性でした。ですが芯は強く、軍需大臣シュペーアが「敗戦直前、すべての人間がただ呆然としている中、普段通りお菓子を差し入れてくれるなど、気遣いを忘れない立派な態度だった」と回想しています。ヒトラーと結婚した後、エバ・ヒトラーとしての人生の残り四〇時間も、終始にこやかに過ごしたと言われています。

悪名高い独裁者・ヒトラーの妻でありながら、エバは欧米でさえ悪女扱いされていません。政治に無関心でナチスの宣伝活動に参加せず、国民の財産も搾取しなかったことから「普通の女性」と認識されています。「史上最大の悪魔」が愛したのはセクシー美女ではなかったようです。

ところで、戦場では敵兵を堕落させるために女性のヌードポスターなどを使うことがありますが、ナチスの場合、これはフランスのダンケルク戦で効果を発揮しました。協力関係にあるとは言え、どうも足並みが揃わない英仏を分断させる目的で、飛行機からエロの伝単（宣伝ビラ）を撒いたのです。裸で抱き合う男女の絵をプリントし、「フランス人が前線で戦っている間に、イギリス人がその妻を寝取ってしまう」のだと警告文を書きました。ダンケルクに追いつめられた四〇万人の英仏連合軍は、そのうち三六万人が戦艦以外に漁船やヨットまでをも使って「奇跡の脱出」を果たすのですが、一万人が命を落とし、三万人が捕虜となります。

武器をすべて捨てて、先に丸腰撤退したイギリス兵に対するフランス兵の反感は大変強く、また、伝単効果の疑惑も手伝って、ドイツの捕虜収容所では、イギリス兵を見かけるたびにフランス兵が殴り掛かるという事態が発生しました。乱闘を抑えるため、ドイツはしばらく英仏捕虜を分けて収容したそうです。

フランス占領時、ドイツ兵がある家の庭で小便をしていた。
その家にいたフランス兵が外に出てきてドイツ兵を睨む。
フランス兵「うちの庭でしないでくれ」
ドイツ兵「じゃあ、トイレを貸してくれ」
フランス兵「こっちだ」
フランス兵は家に戻らず、道へ出てドイツ兵を案内した。
美しく手入れされた庭園へたどり着き、ここで用をたせと言う。
小便をしながらドイツ兵はフランス兵に尋ねた。
ドイツ兵「ずいぶんきれいな庭じゃないか。いったい誰の家なんだ？」
フランス兵「でかい方もしていいぞ。ここはイギリス大使館だ」

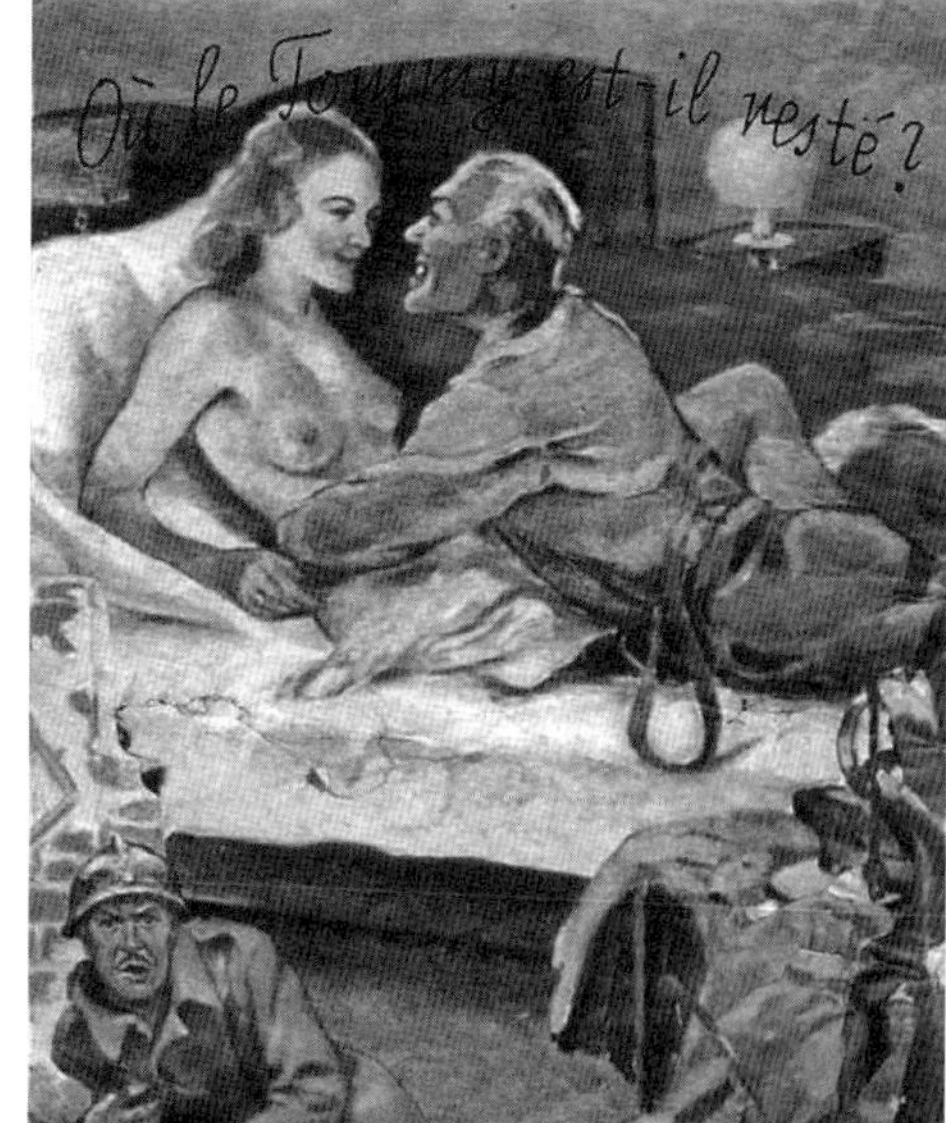

ドイツ伝単

一九四〇年。

フランス語のキャプション

「トミーはどこにいるのか?」

◉一九四〇年四月から六月にかけて、ドイツ空軍がフランス陣地に投下したもの。戦場で死にゆくフランス兵および、彼の妻とトミーという名のイギリス兵の情事。このトミー・シリーズだけで最低六種類、合計四〇万枚以上制作。

「トミー・アトキンス」はイギリス陸軍入隊申込書のサンプルにその名が使われていたことから、イギリス兵を指す呼び名になっています。

ヒトラア落語

ナチスの閨房（寝室）

文・絵　志村　和男

告知

一、始末ニ負エヌ酔ッパライ

一、凶悪ナ犯罪者

一、キケン思想（共産主義のこと）ニ取リツカレタルモノ

右ハ国家ノ安寧秩序ヲ乱シ、害ヲ後世ニ及ボスモノナルヲ以テ、只今、ソノ性的能力ヲ褫奪シ（取り上げ）、ソノ遺伝ニヨル悪種ノ保存ヲ絶滅ス

『こん棒を持った美男子』と呼ばれるアドルフ、ヒトラア氏は、近くその絶対的支配下にあると自信しているドイツ国民に向かって、こういうオフレを出す情勢にある。サア、大変！こいつはトンデもない事になったぞ。

この条件に該当するドイツ人たちは戦々恐々としている。そしてより以上、この法令の発布を恐れているのは、この条件に該当するドイツ人の奥さんたちだ。

いかに自分の夫がタチの悪い飲んだくれであり、人殺しであり、キケン思想家であったにしても、その夫の大事なものは、より以上、夫人にとっても大事なものである。

こいつを褫奪されたんじゃ、真っ先に困るのは本人よりもその婦人だ。

いかに夫は悪人なるにもせよ、そこの夫人をして生涯、空閨（独り寝の寝室）に泣かせるがごときは、これ、ゆゆしき人道問題である。

まったくですわ、あんまりよ、人の気も知らないで！と、全世界の恋愛自由同盟から抗議の電報は継ぎ継ぎと、ナチスの本部に殺到しているそうである。

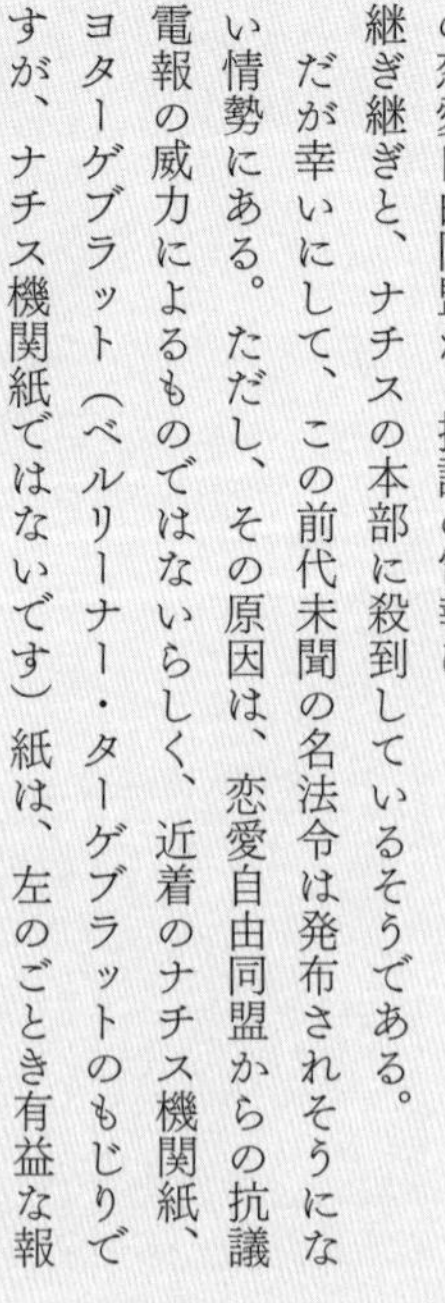

だが幸いにして、この前代未聞の名法令は発布されそうにない情勢にある。ただし、その原因は、恋愛自由同盟からの抗議電報の威力によるものではないらしく、近着のナチス機関紙、ヨターゲブラット（ベルリーナー・ターゲブラットのもじりですが、ナチス機関紙ではないです）紙は、左のごとき有益な報道を伝えている。

同紙の記者は、一夜ヒトラア氏の寝室の床下に忍んで、その夫妻の会話を筆記し、翌朝の同紙の記事はガゼン、大センセーションを起こしたものである。以下、同紙の記事から…。

×　　×

「ねえ、あなた！」午後十二時半、記者はようやく首相夫人の第一声を聞いた。

「疲れたよ、もう寝よう」オオ！一日の激務に疲れたわが首相は、やさしく夫人に答えたのであった。

「その前に、あたし、あなたにお話があるのよ」

「また、新しい型の帽子を見つけたってのかい？」

「黙ってお聞きなさいったら」

「ハイハイ」百万のナチス団員を叱咤するヒトラア首相にも、かくのごとき優雅な反面があるのである。

「今度、だそうっていうあの去勢の法律ね、あれ、やめて下さらない？」

「ダメダメ、あれは全世界をあっと言わせて、オレの凄腕を大いに発揮しようと思って作ったんだもの」

「そりゃいいけど、じゃ、このあたしをどうして下さる？」

「変なことを言うね。何もお前を……」

「いいえ、あの法律の事をよく考えてごらんなさいな。第一条の酔っ払いはとにかく、第二、第三条は何だと思って、すべて、あんたの事みたいだわ」

「バ、バカなことを……」

「そうよ、第二条、凶悪なる犯罪者、つまり大勢の労働者を死刑にするあなたの事よ。それから第三条、キケン思想家。オオ、これこそあなたでなくて誰？第一、こんな法律をこさえるだけでも、その証拠だわ」

「ウーム！」

「こんな法律を出したら、真っ先に去勢されるのはあなたよ。モシ、モシ、ソウナッタラ、アタシ、アタシ……」


床下にあって蚊に刺されながら、記者もヒトラア婦人の心痛に思わず同情の涙を禁じえなかった。

さすがの首相も一言の答えもない、聞こえるものは夫人のすすり泣きばかり……。

やがて夫人は語をついだ。

「それにね、今日、大臣夫人と実業家婦人の夜会でも、みなさん、額を集めて協議なさったわよ。どなたの御主人も、この法令に該当する方ばかりですもの。みんな、第一条から第三条までの犯罪者ですもの。もし、そうなったらこのドイツは、あたしたちのドイツはいったいどうなると思って？」

「……」

首相はしばらく沈思黙考の様子であった。しかし、いくばくもなく力強い首相の断固たる声明は、厚い絨毯を通して、床下の記者の耳を打った。

「ヨシ！安心しろ！オレもこればかりは思い切れんわい！」

さて諸君、報道に忠義なる記者も、この以後の物音に対しては、紳士たる諸君の耳をふさぐのである。

×　×

右の一ドイツ新聞記者の働きで、この法令の運命は明白に暗示されているが、ただ、第一条、始末ニ負エヌ飲ンダクレだけは、立派に保留の恐れがある。日本にもそろそろ、ファッショ（＝ファシズム）台頭の気勢があるから、飲ンダクレだけはやめるべしである。

（「東京パック」一九三三年九月一日より「京都国際マンガミュージアム」蔵）

イギリス首相チャーチルは、ペットの金魚が病気になるとロンドン動物園に相談に行く。
ドイツ総統ヒトラーは、ペットの犬が風邪をひくとベルリンの取り締まりを強化する。
（チャーチルの金魚は実話らしいです）

ヒトラーは犬が大好きです。

人生のありえない場所でもいつも犬を飼い、傍に置いていたようです。第一次世界大戦時のヒトラーは伝令兵ですが、この頃、飼っていたのがフクスルと名付けられたイングリッシュ・テリアです。家で飼っていたのではなく戦場での話です。もともとはイギリス軍のマスコットだったと言われていますが、ヒトラーの塹壕に迷い込んできたこの犬を、ヒトラーが捕まえてペットにしました。他の兵士はびっくりしましたが、ヒトラーはフクスルを可愛がり芸まで仕込んでいました。

鉄道で移動中、フクスルを気に入った鉄道員に「二〇〇マルクで売ってくれ」と持ちかけられたのですが、ヒトラーは「二〇万マルクでも売らない」と断りました。しかし、直後にフクスルは行方不明になってしまいます。盗まれたのかもしれません。この時、ヒトラーは大変落ち込んだそうです。

また、大出世のきっかけとなる「ミュンヒェン一揆」の後、投獄された刑務所でも犬を飼ったと言われています。刑務所で犬？　と思いますが、懲役を受けたものの世間の人気が沸騰したヒトラーに対する、刑務所側の配慮らしいです。（ただ、これに関する記述は少なく、もしかしたら刑務所で飼っていた犬を、ヒトラーも好きなように世話していた……というくらいのことかも知れません）。

居心地の良い部屋、栄養に配慮した食事、読書家のヒトラーのための夜間消灯令解除、党員が世話をしても〇

K、支持者の宿泊もOK。看守の義務はヒトラーに会えば「ジーク・ハイル（勝利万歳）！」と挨拶すること。ヒトラーはここで好きなだけ本を読み、『わが闘争』を書き、犬と遊びました。刑務所での生活について「国費で賄われた高等教育だった」と、ヒトラー自身が満足げに述べています。

総統となってから飼っていたのは、ボルマンから贈られたジャーマン・シェパードです。

ヒトラーはブロンディと名付け、これも溺愛しました。ヒトラーは戦争が始まってからも、運転手や食事係などの使用人たちと一緒に、毎晩、素朴なお茶会をしていたのですが、もちろんブロンディも参加していました。

ヒトラーはブロンディの賢さをいつも自慢にしていたといいます。ブロンディが生んだ子犬たちの中で一番強かった子犬にはヴォルフの名を与え、ヴォルフともよく遊びました。「アドルフ」は「高貴な狼」、「ヴォルフ」は「狼」という意味なので、大変な名誉です。

ヒトラーは自殺の前日、ブロンディに毒を与えて殺します。ブロンディが死にゆく様を最後まで見ていることができず、途中で部屋から出ていったそうです。ヴォルフたち子犬はヒトラーの死後、ソ連兵に連れ去られないよう調教師が撃ち殺しました。ヒトラーの指示なのでしょう。

このような愛情深いヒトラーの逸話を聞くと、親近感を持ってしまいますね。激烈な人種差別に走った殺人鬼との、あまりの落差にうまくイメージ統合できません。

意志が強く、勇敢で、真面目で、礼儀正しく、才能に溢れ、専制君主でありながら私腹を肥やさなかったストイックなヒトラー。そんなヒトラーのあらゆる長所を凌駕した偏見に凝り固まった一面が、この世の地獄を創り出しました。ヒトラーの間違った世界観が、もし、仮に、万が一、どこかで「アーリア人のため」だけでなく「人類のため」というキーワードを持ちえたなら、歴史はどう動いたのでしょう？　しかしながら、「人類のため」というキーワードを持った人物が、当時のドイツで最高指導者になることは非常に難しかったのですが。

では、ここで第三帝国、屈指の名作ジョークを。

第三帝国のドイツ人には知的、誠実、ナチ的という三つの要素がある。
しかし、そのすべてを同時に兼ね備えることはできない。
知的でナチ的だったら誠実ではない。
誠実でナチ的だったら知的ではない。
知的で誠実だったら——、それはナチでなく人違いである。

ナチでなく人違いであります……。
敗戦直前、ふさぎ込んでいるヒトラーのもとへ、外相リッベントロップがやってきます。会おうともしないヒトラーですが、ボルマンに「リッベントロップが忠実な犬のように総統を待っております」と言われると、気を取り直して面会に応じたらしいです。やはり、ヒトラーには「犬」ですね。

アーサー・ジョンソン〈独〉

一九三三年。

キャプション

「文化的行為」

「ハイル　ゲーリング！」

壁の標語

「生体解剖禁止」

◉ドイツ森林長官のゲーリングに動物たちが敬礼しています。

ヒトラーの方針を受け、動物愛護に極めて熱心だったナチスは、政権についた同年に「動物の屠殺に関する法（動物を殺す時は麻酔をしてから）」「動物保護法（撮影や行事のために動物を苦しめてはならない）」等を次々に成立させました。

動物実験も禁止です。

とはいえ、ゲーリングは狩猟が趣味なので矛盾しています。

ククルイニクスイ〈ソ〉

一九四一年。

キャプション

「ベジタリアン　または同じコインの裏表」

ヒトラーの掛けているドイツ語のメダル

「私は動物虐待の断固たる反対者である　アドルフ・ヒトラー」

◉一方で動物を可愛がり、一方で女性や子供を虐殺しているヒトラー。敵は人間です。人間の数が減れば食べられる動物の数も減るので、動物たちに住みよい社会が訪れます。

ナチス・ドイツでは動物愛護に貢献した人にはメダルの授与が行われました。しかし、動物保護の代わりにユダヤ人囚人や戦争捕虜を使っての、大規模な人体実験が麻酔なしで行われました。この絵の描かれたソ連ポスターの中に有名な詩人マルシャークの詩が添えてあり、その一節にも「私には羊の血は必要ない　人間の血が必要だ」とあります。

ヒトラーはお気に入りの姪が自殺した時、ショックで肉が食べられなくなりベジタリアンとなりました。以降、死ぬまで食べなかったので、美食家のゲーリングなどは「総統官邸の料理はまずくてたまらん」と文句を言っていたようです。

第三章

独裁者誕生

バーナード・パートリッジ〈英〉

一九三四年。

キャプション

ビスマルクの影「ドイツの大きな危険は社会主義だと、かつて私は考えていた。今、私はそれ以上の危険はないと確信することができない」

◉一九世紀にドイツ統一をはたしたビスマルクは、労働運動に脅威を感じ、ドイツ社会民主党をターゲットにした「社会主義者鎮圧法」を制定した人でもあります。しかし今、彼は、その社会主義を壊滅させた国家社会主義の方がより危険ではないのかと、不安を感じ始めた様子。

独裁者の王冠をかぶるヒトラー。

ヴェルサイユ条約

ドイツ人、イギリス人、フランス人が砂漠を探検中、アラブの武装集団につかまった。

武装集団「白人は我らの敵だ。背中のムチ打ち一〇〇回の刑に処す。だが、アッラーは慈悲深い。その前に一つだけ願いを叶えてやろう」

ドイツ人「では、せめて私の背中にクッションを乗せてくれ」

クッションは五〇回目で破れ、ドイツ人は残り五〇回分、生の背中を打たれた。

イギリス人「では、私の背中にクッションを二つ乗せてくれ」

クッションは二つとも破れたが、イギリス人は痛い思いをしなかった。

納得しかねた武装集団がフランス人に言った。

武装集団「願いは一つ叶えるが、何かを『二つ』というのは禁止する」

フランス人「承知した。では、私の背中にドイツ人を乗せてくれ」

第一次世界大戦の敗戦国ドイツ。国民は困窮しきっていました。

皇帝ヴィルヘルム二世を追いだして、「世界一、民主的な憲法」を持つドイツ共和国（ヴァイマル共和国）をつくったものの、敗戦後の国家というのはどこでも悲惨です。新政府ができたとたんに、連合国に悪夢のヴェルサイユ条約を結ばされました。軍事力を極度に削減され、すべての植民地を取り上げられた上に本国領土も割譲され、加えてとても支払えないような重い賠償金を課されたのです。生産能力が激減しているのに、自分たちのためではない支出のみが巨額だということです。

アメリカとイギリスはこの条約はあまりに厳しすぎると思っていましたが、フランスが強硬に主張して押し切りました。一八七〇~七一年の普仏戦争（独仏戦争）でドイツに敗れ、第一次世界大戦でも連合国としては勝利したけれど、一国同士の対決なら負けていたフランスは、ドイツに対する恨みが半端ではないのです。また、隣国ドイツをあらゆる手段で弱体化しておかなければ、将来が不安でたまりませんでした。

この意識は、条約を決めたパリ講和会議中にフランス首相クレマンソーがつぶやいた、「ドイツ人、二千万では多すぎる」の言葉に端的に現れています。この頃、六千万人以上いたドイツ人を二千万人まで削減してもまだ多い。その程度ではいつか再びフランスに歯向かうかもしれず、十分ではないという意味です。ちなみに当時のフランスの人口は約四千万人。しかも、ドイツの人口が増え続けているのに、フランスの人口は横ばいなのです。とは言え、現実問題としてドイツ人を二千万人以下に減少させることなどできるわけがなく、フランスのドイツへの恐怖心は消えませんでした。

そのため、首相が代替わりしてもドイツに対する強硬論は変わりません。このフランスの姿勢が怒りの連鎖となり、今度はドイツの復讐心を燃え立たせ、ヒトラー政権誕生の素地を作ります。

ポール・バルビエ〈仏〉

推定一九三〇年代。

キャプション

「不幸なことだ！　君はドイツに何をしたのだ!!」

◉凶器を手に人々を殺戮するヒトラー。足元に女性と子供が倒れ、「敬意」「ヴェルサイユ」などと書かれた紙が、破り捨てられて落ちています。

「ファウスト」を手にしたゲーテと楽譜を手にしたベートーベンがその様子を見て非難しています。

1921年 ドイツまんが
フランス首相ブリアンとヴェルサイユ条約の鎖

ルール地方へ軍隊進駐　↑条約同意書
「よろしい。では重りを免除する。
…鎖は外さないが」

「よい心がけだ。その調子で続けたまえ」

「うむ。鎖があっても動けるな。
そのまま、そのまま」

「なんだね、その態度は？
重りをつけようか？」

「君の気持ち次第で、
鎖など邪魔にならないさ」

「なんだね？　鎖を外せとでも言うのかね？
せっかく慣れたんだから、
それでいいじゃないか」

国民に娯楽を与えるため、ベルリンでストリップショーが開催された。
音楽はワーグナー。ビールもあるしソーセージもある。
なのに、誰も来なかった。
ヒトラー「何が不満なのか？」
ゲッベルス「……総統の選ばれたダンサー達が……」
ヒトラー「何を言う。彼女たちは党歴二〇年を誇る、ミュンヒェン一揆時代からの私の支持者だ」

ミュンヒェン一揆

のしかかる賠償金に耐えられず滞納を起こしたドイツに対し、フランスは制裁としてドイツの重要工業地帯であるルール地方に進軍し、占領、支配しようとしました。ドイツ国民は激怒しますが政府は何もできません。

戦勝国に反抗しても勝つ自信が持てないので、せめてストライキで意思表示をしようと呼びかけ、賃金代わりに紙幣を増刷して労働者に与えました。が、これはハイパーインフレを引き起こし、国民生活の更なる混乱を招きます。マルクの価値は下がりに下がり、ヨーロッパ最大の重工業国だった国で、荷車一台分の紙幣を持っていってもパン一つ買えない異常事態となりました。

この時、まだ小さな一政党だった「国家社会主義ドイツ労働者党（ナチス）」の党首がヒトラーです。頼りない政府と生活苦により、当時のドイツでは、雨後のタケノコのごとく小さな党が生まれ乱立していたのですが、その中の一つがナチスでした。悪化の一途をたどる国内情勢に我慢ならなかったヒトラーは、他のいくつかの民族派政党とも組み、政府打倒のクーデターを計画しました。

「政府の弱腰外交こそがドイツを敗北させたのだ。ヴェルサイユ条約など破棄すればよいのだ」と訴えるヒトラーは、一九二三年十一月八日、バイエルン州の州都ミュンヒェンのビアホールで反共和国派（＝反ヴァイマル政府派）の集会を開いていた、バイエルン州総監グスタフ・カールなど三人の指導者をつかまえ、脅迫して運動への参加を迫ります。当時のバイエルンは反共和国派の牙城で、三人はそれぞれバイエルンの政府と軍と警察を動かす三巨頭、集まっていたのも彼らの支持者、そしてナチスもミュンヒェンを本拠地とする政党なのです。

しかし、ピストルで脅されても三人は要請を拒否しました。口ほどには「反政府」でなかったのと、ヒトラーのやり方が無礼すぎたのと両方の理由からでしょう。ですが、その後、第一次世界大戦の英雄ルーデンドルフ将軍が現れると、説得されて協力を約束しました。そして、ヒトラーとともにビアホールの演壇に立ち、聴衆の拍手を浴びました。ところが、その後、自由の身になると約束を反故にして「反乱を認めず」とのラジオ声明を出します。

予定が狂い、首都ベルリンへの進軍ができなくなったヒトラーたち武装デモ隊は、目標をバイエルン軍司令部へ変えて行進を開始します。しかし、一行は警察との衝突により、あっという間に鎮圧され死亡者を出してしまいました。ヒトラーも追い回され捕らえられますが、共に行進していたルーデンドルフ将軍には誰も手出しできず、将軍はただ一人で行進を続けました。

結局、クーデターは一九名の犠牲者を出し（うち、三名はバイエルン警察）、失敗に終わります。ヒトラーめがけて飛んできた銃弾は党員が身を挺してかばったため、ヒトラーは肩の脱臼で済みました。ですが、隣で肩を組んで歩いていた別の党員は即死しています。ヒトラーには「不死身神話」があるのですが、ミュンヒェン一揆もその一つです。

三カ月半後に裁判が行われます。そして、この一揆と裁判を境にして、ドイツ中に「アドルフ・ヒトラー」の名が知れわたることとなるのです。

裁判での弁論は稀代の大演説家にとって、全国民の目の前で己の能力を発揮できる、またとない機会となりました。真摯に情熱的に堂々と、ドイツの未来と自分の行動の正しさを語るヒトラーの姿に、国民の目線は釘づけです。弁解に励む他の指導者の不人気ぶりと比べると際立った差があり、また、威厳に満ちてはいるものの、ヒトラーほど弁の立たないルーデンドルフの存在すら食ってしまいました。

最も人気がなかったのはバイエルン三巨頭です。はじめ、ピストルで脅されても動じなかったのは勇気ある証と言えますが、そもそも彼らは「反共和国派」として知られた人物なので、きっかけがあっても行動を起こさなかったこと自体が、彼らに期待をかけていた市民の失望を買ったのです。「反共和国」に燃える三巨頭の元支持者はカールたちに見切りをつけ、そのままヒトラーの支持者となりました。

「責任は私一人で負う。だが、私は犯罪者ではない。一九一八年の売国（ドイツ降伏のこと）こそが反逆行為なのだ。何千回でも有罪にすればいい。永遠の法廷を司る歴史の女神が起訴状を笑って破り捨て、我々に無罪判決を授けられるだろう」

初めて聞くヒトラーの演説に心を奪われる国民が続出。敗戦の屈辱でたまりにたまっていた自分たちの想いを、洗いざらいぶちまけてくれる指導者を見つけたのです。ハーケンクロイツを掲げ、「ジーク・ハイル（勝利万歳）！」と叫ぶドイツの熱狂の種はここで蒔かれました。

ルーデンドルフの無罪に対し、ヒトラーには禁固五年の有罪判決が出されたのですが、裁判所が出した「有罪」はあくまでもフランスへの建前であり、裁判官や刑務所の看守たちにとっても、ヒトラーは危険な罪人ではありませんでした。実刑はヒトラー含めてたったの四名、刑務所へは激励の手紙が殺到し、ヒトラーへの禁固五年も後に九カ月に減刑されます。歴史の女神を待つまでもなく、国民がヒトラーたちに無罪判決を授けたのです。

ミュンヒェン一揆はナチスにとって政権獲得前のもっとも名誉な出来事となり、ナチス・ドイツ成立後、毎年、ヒトラーがビアホールを訪れ記念演説を行うことになります。

争いの絶えない世界を憂えた神が、
逆療法として「地球を支配する権利」を販売することにした。
野心家たちが続々と問い合わせに来たが、
法外な値段に驚き自分たちの狂った考えに気付いて去っていった。
ここまでは神の思惑通り。
その後、ヒトラーがやって来た。
ヒトラーも値段には驚く。
しかし、すぐに申し出た。
「全人類から全財産を千年、略奪すれば可能だ。後払いでお願いしたい」

エーリヒ・ヴィルケ〈独〉
一九二四年。
キャプション
「中国の混乱」
◉中国国会議事堂（当時はありませんので想像上）らしき建物の前で、小党乱立して争っている中国人政治家たち。その光景に呆然としているのも中国人。
　しかし、掲げられている旗はどれも当時のドイツ政党旗です。
　同時期、列強の侵略と国内の勢力争いで大混乱していた中国と、ドイツの状況を引っかけています。

エーリヒ・シリング〈独〉

一九二四年。

キャプション

「ヒトラー裁判　あるいはカールが祖国を救った方法」

「警官諸君！　すぐにそこの放火犯を逮捕せよ！」

◉バイエルン州総監カール（一番下）とバイエルン軍司令官ロッソウ（真ん中）を土台にして、ミュンヒェンの街に火をつけて回るヒトラー。（実際は放火はしていません）。バイエルン警察長官ザイサーが鎮圧にやってきました。

ミュンヒェン一揆に抗議する作品。ヒトラー支持者が増えましたが、シリングは反対派です。当時は反ヒトラーだったシリングから見ても、カール、ロッソウ、ザイサーのバイエルン三巨頭の態度は一貫性がなく信用できなかったようです。（ただ、カールとロッソウはともかく、ザイサーはまったく似ていません。おそらく、シリングが雑誌の締め切りまでにザイサーの写真を入手できなかっただけだと思います）。

1923年 ドイツまんが

ミュンヒェンの正義

市民1「何が起こったのですか？」
州警察「こいつは凶悪犯罪者だ。公務員を侮辱したのだ」

バイエルン人民党旗　ハーケンクロイツ　ルーデンドルフ将軍

市民1「つまり、何が起こったのですか？」
市民2「何でもないのです。大逆罪を犯されただけですよ」

1924年 ドイツまんが
ミュンヒェンの愛国者

ハーケンクロイツ

（街に現れた国防軍）
市民「われらの勇敢な軍、万歳！　秩序と安全の維持は諸君のおかげだ!」

ハーケンクロイツ

（ミュンヒェン一揆裁判・国防軍証言）
市民「秩序と安全の維持はお前らのおかげだ!」

首相就任

新生ドイツ

今から、あらゆる愛、夢、希望、礼節は廃止される。
非常事態のみが今後も与えられる。

恩赦により九カ月で出獄を果たしたヒトラーは、ヒトラー収監中、派閥に分かれて対立していた党を再度まとめ上げ、以後は合法的手段による政権掌握を目指すことにしました。ミュンヒェン一揆を通して、法を守り話術で国民を味方につける方が効果的だと、はっきり自覚したからです。出所直後は国内も少し落ち着いており、裁判の時のような熱狂はなかったのですが、四年半経って再びナチスは脚光を浴びます。原因は一九二九年、ニューヨークで始まった世界恐慌です。

世界を直撃した経済の大混乱は、ただでさえ苦しいドイツに重くのしかかってきますが、この混乱によって二つの政党が急浮上を果たしました。ナチスとドイツ共産党、つまり極右と極左です。失業と生活苦にあえぐ人々には、理想を掲げるだけで実行力のない議会制民主主義の政府（通称・ヴァイマル共和国政府。主体はドイツ社会民主党）よりも、新しい思想であるファシズムや共産主義の方が、一気に現状を変えてくれそうで魅力的に見えたのです。

一九三二年七月の選挙で第一党がナチス、第二党がドイツ社会民主党（これまでは第一党。議会制によって平和的に社会主義を行うことを約束）、第三党がドイツ共産党（革命を起こし迅

ナチス

ドイツ社会民主党

ドイツ共産党

速に社会主義を行うことを目指す）となりました。

ミュンヒェン一揆と裁判で脚光を浴びたものの、その後は目立った活動ができず（突撃隊の乱闘の罰として活動禁止期間も多い）、一九二八年の選挙ではわずか一二議席だった弱小ナチスは、世界恐慌翌年の選挙で一気に一〇七議席で第二党という飛躍を果たし、今回、二三〇議席を獲得してトップに躍り出たのです。共産党もナチスほどではありませんが、選挙の度に伸びています。

ここには意外な事実があります。ヒトラーといえば「ユダヤ人迫害」「共産主義者迫害」ですが、犬猿の仲であったナチスと共産党は、二〇年間、第一党であった社会民主党を倒すため、なんと手を組み共闘しているのです。その成果も含めての両過激政党の躍進でもありました。

「出会えば乱闘」を繰り返していた両者だけに、国民はあっと驚きます。後の独ソ不可侵条約の衝撃で今では一般的に忘れ去られてしまった感もありますが、ファシズムと共産主義の結合は、その第一弾がこの時、起こっていたのです。ドイツの風刺画家たちの残した絵の多さが、この事態の異常さを物語っています。

ただし、ナチスは共産党と合同で反政府ストライキなどは行うものの、最大の武器、ヒトラー演説での主題は「ドイツへの愛」「ユダヤ人への憎悪」「戦勝国（ヴェルサイユ体制）への怒り」であって、「社会民主党打倒」ではありません。社会民主党批判などより、こちらの方がはるかに国民受けが良いからで、地味な話は共産党に任せておきました。共産党は全力で行いました。

ヒトラーは演説の迫力もさることながら、アピールの仕方が上手いのです。社会民主党を倒さねば政権を獲れないことは知っていますが、国民に訴えるべきポイントはそこではないことも知っています。それどころか、経済的ダメージにあえぐ社会に見出されたにもかかわらず、演説中、経済対策の話すらほとんどしていません。首相就任後、積極的な公共事業（軍備増強やアウトバーン建設など）で素早い不況脱出を成功させたヒトラーですから、決して経済音痴ではありませんが、国民に経済対策のようなややこしい話を理解させようとすることは、労力の割に実入りが少ないと心得ているのです。

経済対策を説明するより、社会民主党の問題点を指摘するより、広範な国民感情に火をつけて自分に注目させるためには、もっとふさわしい別のテーマがありました。何を語るべきなのか、選択を間違えないことが、大衆扇動の申し子として生まれ落ちた男の真骨頂なのです。

かくして、元浮浪者で、出世の遅い軍人で、刑務所上がりで、一九三二年二月までドイツ国籍さえ持たなかった異邦人のヒトラーは、七月の選挙に大勝して第一党党首となりました。ヒトラーは民主的な選挙に勝って、国民の支持のもと拍手を浴びて上ってきたのです。選挙後すぐさま、パーペン首相に「自分と首相を交代し、全権委任もせよ（独裁権を認めろ）」と迫り、この時は拒否されたものの、半年後の一九三三年一月三十日、ヒンデンブルク大統領から念願の首相に任命されます。

ドイツには大統領と首相が存在しますが、当時は大統領の方に実権がありました。（現在のドイツは首相が政務の最大責任者です）。しかし、この時、大統領二期目のヒンデンブルクは、第一次世界大戦の英雄として非常に人気があるものの、もはや老衰で判断力も相当、鈍っていました。ヒトラーは「このヒンデンブルクなら牛耳れる」と睨み、圧力をかけたのです。


ヒトラーがヒンデンブルクに謁見した。

ヒトラーが帰った後でヒンデンブルクは側近に尋ねた。

「ところで、いつからブリューニングは口ヒゲを生やしているのかね？」


ブリューニングはヒトラーの三代前の首相です。このようなジョークを作られてしまうのが当時のヒンデンブルクの有様でした。もくろみは大当たりです。ヒンデンブルクはヒトラーを好いてもいなければ、信用してもいなかったのですが、第一党を率いる国民的人気の高いヒトラーを無視できませんでした。

これを見て、ミュンヒェン一揆時にはヒトラーと協力したものの、その後、決裂したルーデンドルフ将軍がヒンデンブルク大統領に手紙を書きました。

「あなたはヒトラーを首相に任命したことによって、あらゆる時代で最悪のデマゴーグに、わが神聖な祖国ドイツを引き渡したのです。私はあなたに予言します。この呪われた男はわが帝国を奈落に突き落とし、わが民族に信じがたい悲惨をもたらすでしょう。後世の人々は、この行為のために墓の中のあなたを呪うでしょう」

予言はズバリ的中します。ヒトラーによって呪われたドイツは人類史上のまれに見る汚点を創り、強制収容所と戦場で莫大な犠牲者を出し、戦後四五年間にわたって国が二つに分断され、明らかにヨーロッパのエース（国内総生産でヨーロッパ一位）となっている現在でさえ、他国に遠慮がちな自粛した態度を強制されています。（ここ数年、ギリシャやポーランドなどの国が、「ナチス時代の被害に対して賠償しろ」と言い始めました。突然の要求にドイツは応じていませんが、強く言い返してもいません）。

また、ナチスに利用され、ナチスの台頭を許し、死ぬまでナチスの宣伝で担がれまくってしまったヒンデンブルクも、後世に評判を落とします。「ヒンデンブルク通り」などの、かつて多く存在した彼を讃える公共物の大半は、今ではほとんど残っていません。

ヒンデンブルクとルーデンドルフが第一次世界大戦中、「英雄コンビ」として勇名をはせたドイツの誇りであったことも何やら因縁めいて見えます。「君はどう思うかね、ルーデンドルフ君？」が戦線のヒンデンブルクの口癖で、部下ルーデンドルフの提案する作戦を、そのまま次の一手としていたドイツの歴史がありました。「ルーデンドルフ独裁」と言われた時代です。

悪魔が仕組んだ世代交代だったのでしょうか？　ヒトラーがミュンヒェン一揆と裁判で存在感を高め、全国区に躍り出た直後から、かつての英雄コンビは互いを非難するようになり、やがてヒンデンブルクは老衰が始まり、ルーデンドルフは怪しげな陰謀論に夢中になって、現実の政治から遠ざかってゆきました。

ヒトラーはヒンデンブルクより期待できる。
若い情熱家で頭もいい。
本当はそうでなくともゲッベルスでごまかせる。

ところで、ヒトラーは風刺画界のキング・オブ・キングスです。ただでさえネタにしやすいナチス・ドイツですが、戦争が始まると政治的風刺画の需要は格段に増えますし、ましてナチスはほとんど世界中を敵に回していましたので、作品が実に豊富です。ナチス幹部たちの中で描かれた数は当然、圧倒的にヒトラーが多いのですが、ゲッベルス、ゲーリング、ヒムラーもたくさんあります。

しかし、ドイツ国内物で、ゲーリングとヒムラーの純粋な風刺画を見つけるのは至難の業です。「純粋な風刺画」とは批判精神に基づいた作品という意味で、礼賛画や単なる似顔絵は省きます。

ナチス・ドイツ成立以降はナチス批判など描けないので、なくて当たり前ですが、政権獲得以前でもこの二人の風刺画はほとんど見あたりません。大盤振る舞いされているのはまずヒトラー、そしてゲッベルス。ゲッベルスに続くのはヴィルヘルム・フリックで、ここまでが数量的に金銀銅のメダリスト。その次がエルンスト・レームとグレーゴア・シュトラッサーです。

政権獲得後にはさしたる存在感がなく、外国風刺画家たちに無視されているフリックは、政権獲得前の国内では、現在の知名度からするとありえないほどに多くの絵が描かれていました。単独で風刺雑誌の表紙にまでなっていますが、これはすごいことです。列強国の最高指導者や国内有力野党の党首でも、表紙になれるとは限りません。

フリックはテューリンゲン州の内務大臣をしており、地方政権とはいえナチ党員が大臣を務めるのは初めてだったので、扱いが大きいのです。フリックの握った警察権により、テューリンゲン州はナチ党員の警官が非常に多く、ナチス・ドイツの小型版ともいえる組織を築いていました。

また、突撃隊幕僚長レームと、党内左派の代表格シュトラッサーも出番が多めです。

レームはナチス結成初期からの党員でしたが、一時期、ヒトラーと意見が合わずに離党していたので活動期間は短いです。それでも、一九三〇年末に再入党するや、突撃隊の掌握に並々ならぬ手腕を発揮しました。生きながらえたなら外国風刺画にも頻繁に登場したことでしょう。しかし、その存在感の大きさと、ヒトラーにも遠慮をしない性格ゆえに、ナチス・ドイツ成立の翌年、もう用は済んだとばかりに粛清されてしまいます。（長いナイフの夜事件）。

同じく組織力の高かった党内左派のシュトラッサーは、共産党や社会民主党の左翼支持者をナチスに取り込む際に必要でしたが、ヒトラーと不和になり政権獲得直前に失脚。ヒトラー自身はシュトラッサーの復権も考えていたようですが、ゲーリングとヒムラーが積極的に阻止し、こちらも粛清されました。

「長いナイフの夜」により、ライバルのレームとシュトラッサーを消したことで、ゲーリングとヒムラーの権力は一気に増強されます。そして、その増強された権力がフリックから実権を奪い、彼を名目的な幹部へと落としてゆくのですが、その辺りの事情が、第三帝国成立前後に描かれた幹部たちの風刺画の数ににじみ出ています。

仕事内容が特殊で他の幹部と権益のかぶらないゲッベルスは、この間の権力闘争に巻き込まれませんでした。

かくして、ヒトラー、ゲッベルス、フリック、レーム、シュトラッサーを党の顔としていたナチスは、党と国家が一体化して間もなく、ヒトラー、ゲーリング、ゲッベルス、ヒムラーを巨大な四本柱とする組織へと、衣替えするのです。

なお、ドイツは第一次世界大戦敗北までは皇帝が治めた帝政ドイツ（＝第二帝国）、大戦敗北からヒトラー政権成立までは皇帝を追い出した民主主義のドイツ共和国（＝ヴァイマル共和国）、ヒトラー政権はナチス・ドイツ（＝第三帝国）と呼ばれますが、これらはすべて通称で正式名はみなドイツ国です。ヴァイマル共和国はテューリンゲン州ヴァイマル市で憲法が作られたため、そう呼ばれています。

オラフ・グルブランソン

一九三〇年。

キャプション

「フリック博士とヴァイマルの精神」

「こんな輩がこの街で大臣になっているとは笑止千万」

◉ヴァイマル共和国時代の作品。

　フリックの後ろに浮かび上がっているのはゲーテの影。ドイツの偉大な文豪で、自由の精神を愛していたゲーテは、青年期にヴァイマル公国に移り住み永住、大臣も務めました。

　時代は変わり、今では偉大でもなければ自由も愛さないナチスが、民主主義のヴァイマル共和国、しかもヴァイマル憲法制定の州で大臣を務めているのだと嘆いています。ゲーテもやるせない表情。

カール・アーノルト〈独〉

一九三〇年。

キャプション

「遺言執行人」

「ドイツ人、二千万では多すぎる（クレマンソー）」

●ドイツの敵・元フランス首相クレマンソーのヴェルサイユ条約時の言葉が書いてあります。

一九二九年に亡くなったクレマンソーのその言葉を遺言として、遺言を果たすべく互いに殺し合い、ドイツ人減らしに貢献しているナチスとドイツ共産党。絵は比喩ではなく、事実、両党間の殺人事件が多発していました。（共産党が受けた被害の方が多いです）。

クレマンソーの実際の遺言は「ドイツの方角を睨んだまま、立った姿勢で埋葬してもらいたい」というもので、実行されたそうです。

エーリヒ・ヴィルケ〈独〉

一九三一年。

キャプション

「一九三一年四月一日のヴァイマルでの第三帝国宣言」

◉エイプリルフールに成立した第三帝国。フーゲンベルクはナチスと協力関係にあった「ドイツ国家国民党」、同じくゼルテは「鉄兜団」所属です。

一九三三年、ナチス・ドイツは実際に成立し、ジョークではなくなりました。

経済大臣ゼルテ　内務大臣フリック
アドルフ一世（その陰に反ユダヤ主義の牧師＝宮廷説教主監ミュンヒマイヤーの存在）
参謀長レーム　首相フーゲンベルク　国防大臣ゲッベルス

バーナード・パートリッジ〈英〉

一九三三年。

キャプション

「彼は愉快な仲間だから！　彼は愉快な仲間だから！　彼は愉快な仲間だから！　誰か私たちにそう言ってください！」

◉ヒトラーを肩の上にかつぎ上げ、首相にしたヒンデンブルク大統領とパーペン元首相。自分たちの決定に間違いがないことを、誰かが保証してくれるよう切望している様子。

沿道では突撃隊が声援を送っています。

1930年 ドイツまんが

ヒトラーのきっぱりした分離

独裁のライバル・ルーデンドルフから

ヴァイマル共和国派・ヒンデンブルクから

小さなフーゲンベルク（ドイツ国家国民党）
からも別れるつもりだった

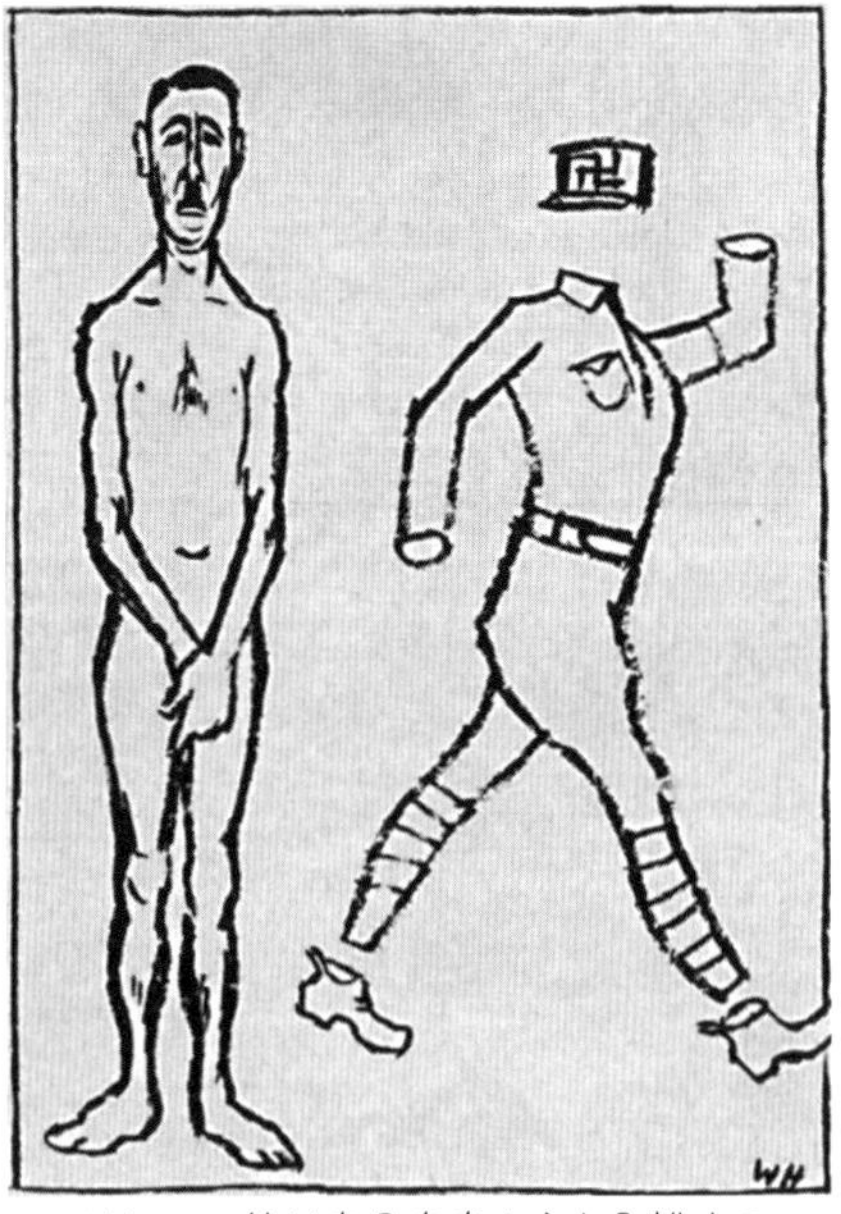

そして、彼は自分自身からも分離する

ドイツ人とチェコスロバキア人が出会った。

ドイツ人が笑った。

ドイツ人「チェコスロバキアみたいな弱い国に国防軍を作って、何の役に立つんですか？」

チェコスロバキア人が笑った。

チェコスロバキア人「ドイツにだって裁判所があるじゃないですか」

国会議事堂放火事件

首相ヒトラーの誕生にドイツ共産党は大きく貢献してしまったわけですが、そのヒトラーは首相になるやいなや、間髪入れずに左翼陣営の大弾圧を始めました。ラジオで「共産主義によってドイツ国民は汚染され、これを放置すると崩壊する」と演説。共産党と社会民主党の発行物を次々と禁止にし、集会も開かせず、さらに突撃隊を「補助警察」にして共産党員たちを軒並み逮捕、とどめに共産党本部の家宅捜索を強行します。

驚愕した共産党委員長テールマンはたまらず、社会民主党をはじめとする左翼との「反ファシズム統一戦線」結成へ方向転換しようとしました。しかし、時すでに決定的に遅く、一九三三年二月二十七日、国会議事堂が放火されるという大事件が起きるのです。類焼は防ぎましたが議事堂本体は全焼してしまいます。その時、現場にいた精神障害を持つ旧共産党員のルッベという人物が逮捕されました。

ヒトラーはこれを共産党の党ぐるみの犯行であるとして、ヒンデンブルク大統領に「大統領緊急令」を発動させます。たった一晩で数千名の逮捕者名簿が作られ、共産党員および反体制派の一斉検挙が行われました。これをもってドイツ共産党は壊滅状態となります。ヒトラーの首相就任から一カ月も経っていません。首相になったヒトラーには、もう共産党と協力せねばならない理由などどこにもないので、かねてからの計画通りに排除することに決めたのです。共産党は一時的にせよ、組むべき相手を間違えました。

とはいえ……、ごく普通に考えればこの流れは見えています。ナチスが目指していたのはムッソリーニのイタリア、ドイツ共産党が目指していたのはスターリンのソ連です。どちらにしても一党独裁国家であり、これらを理想とする政党が勝利すれば、強権発動して他党排除に乗り出さないはずがありません。一時の選挙協力さえすれば政権を狙えるナチスはともかく、なぜ、わざわざ共産党はこんなバカなことをしたのでしょう?

実はこれはスターリンの謀略なのです。「ナチスと社会民主党は、どちらもブルジョアを支える双子の兄弟である。そして、凶暴性を表に出すナチスより、穏健な仮面をかぶる社会民主党の方が有害である（社会ファシズム論）」という屁理屈を持って、ドイツ共産党にナチスと共闘する指令を与えました。当時、全世界の共産党は「社会主義者の祖国・ソビエト連邦」への強い憧れから、ソ連のどんな非常識な命令にも従う体制がすでに完成しており、ソ連の書記長が「飛び込め」と言えば、疑いもせず火の中に飛び込むのです。

この頃のソ連はヨーロッパ先進国に比べて明らかに産業が出遅れており、その遅れを取り戻すための「五ヶ年計画」の真っ最中でした。スターリンはソ連が十分な国力を蓄える前に、他国の共産党が躍進して相対的に自国の地位が低下することを良しとせず、指導するフリをして叩き潰していたのです。もちろん、スターリンはそんなことを白状していませんが、スターリンがあっと驚く無能でないなら、そういうことになるでしょう。

第一次世界大戦直後、ロシア革命に触発されたドイツ共産党が、ドイツにも共産党政権を打ち建てようと武装蜂起し、社会民主党を柱とするヴァイマル共和国政府に弾圧されて、失敗に終わるという事件がありました。しかし、「独裁」を目指していない社会民主党がトップにいるからこそ、敵視されている共産党でもこれまで生き残ってこられたのです。ナチスが政権を獲ればそうはいきません。

選挙前、レーニン没後にスターリンの陰謀にはまり、「裏切り者」の汚名を着せられてソ連を追放されていた革命指導者レフ・トロツキーが、ドイツ共産党へ向けて、ナチスと協力しないよう必死の説得を行っていました。

トロツキーは本来のレーニンの後継者で、「スターリンのソ連」と「ヒトラーのドイツ」という二つの凶暴な大国に命を狙われながら、身をさらしてその両方を全力批判した、世界史上ただ一人の人物です。独ソ不可侵条約中にスターリンの刺客に暗殺されるまで、生身の人間とは思えない圧巻の勇気を示し続けました。ナチス・ドイツ成立前から事態の核心を突く言葉を吐いて、共産党に社会民主党と「反ファシズム統一戦線」を組むよう訴えていたのです。

「ファシズムが政権を握ったら、ファシズムは恐るべき戦車のように共産党の頭蓋（指導者層）と背骨（一般党員）を踏みつぶすだろう。労働者諸君！　諸君は何十万、何百万人いるのか？　諸君はどこへも逃げることはできない。君たち全員に行き渡るほどのパスポートはない。ただ、諸君は社会民主党と協働することによってのみ、勝利をつかむことができる。急げ、共産党労働者諸君、諸君には時間がわずかしか残されていないのだ！」

しかし、「裏切り者」の言葉に耳を貸す共産党員はいませんでした。共産党と社会民主党という二大左翼の支持者を足せば、支持率はナチスと拮抗していたにもかかわらず。（一九三二年七月の選挙で共産党＋社会民主党は二二二議席、ナチスは二三〇議席。一九三二年一一月の選挙で共産党＋社会民主党は二二一議席、ナチスは一九六議席。政情不安のこの頃は選挙ばかりやっていますが、最後の公正な選挙ではナチスはむしろ勢いを落としていたのです。次の一九三三年三月の選挙は国会議事堂放火事件の後なので、もうまともな選挙ではありません）。

かくしてドイツ共産党は消滅、この後、スペイン共産党も消滅、中国共産党もスターリンの指示を守ったために、一九三〇年代には壊滅しかかっていました。第二次世界大戦後、スターリンに追従するとロクな目にあわないことに気づいた毛沢東が、スターリンの指示を無視し自分のやり方で革命を起こした時に、中国に共産党政権が出現するのです。

Q：共産主義における平等思想とは何か？
A：資本主義者とファシストと共産主義者を、分けへだてなく苦しめる権力者が君臨すること。

ヒトラーはスターリンの腹の内まで見ていなかったと思うのですが、このありがたい状況を存分に利用して権力をつかみ、目障りな共産党員を一網打尽にしたのです。「大統領緊急令」で言論の自由や私財の所有権なども厳しく制限されることになり、ナチスの支配体制は一気に強化されます。ソ連を除けばヨーロッパ最強だったドイツ共産党はこの顛末を悔やみに悔やみ、チェコスロバキアへ逃げた党の生き残りが凄まじい風刺作品を作りました。

「大統領緊急令」の後、ついに臨時国会でいわゆる「全権委任法」が議題にかけられます。国会での議決や大統領の署名なしに、ヒトラー政府に予算を含めた立法権を与える法律で、もっと平たく「独裁法」とも呼ばれます。八一名の共産党議員は全員、逮捕されるか、隠れるか、亡命するかしていたので、一人も出席できず棄権扱いとなり、ナチスとそれ以外の他党党員による圧倒的多数の賛成を経て成立に至りました。

四四一票対九四票でした。この九四票はすべて社会民主党の票です。社会民主党も二六名の逮捕者を出していたのですが、まだ全体には及んでいませんでした。しかしながら「全権委任法」が成立したので、これ以降はどの党も抵抗することが非常に難しくなります。もちろん、賛成したその他の党もさすがに、自分たちの存在意義を奪うこんな法律を望んでいたわけではありませんが、会場周辺を突撃隊が固め、相当に勇気がなければ反対できない雰囲気でした。

ヒトラーは演説力とプロパガンダで民意を得て首相の座をつかみましたが、つかんだ途端に暴力と権力を用いて独裁者になったということです。

よりにもよって政権奪取に邁進するその道を、自他ともに認める「ナチスの敵」が整備して、結果、自らを滅ばしてしまうという凄惨なドラマが、ナチス・ドイツ成立の影にあったのです。未来のドイツの惨禍の予兆だったのかもしれません。右翼同士、または左翼同士がそれぞれ協力するならともかく、第二位の左翼が第一位のライバル左翼を引きずり下ろそうとして、政権獲り目前の極右に利を与えるなど、判断ミスというより怪奇現象でした。

ヒトラーは事件後に法律を改正し、放火犯ルッベを裁判にかけて死刑にしました。外国では、これは「ナチスの自作自演ではないのか？」という見方が大勢でしたが、証拠はありません。

ですが、①国会議長公邸（ゲーリングが議長）と国会議事堂を繋ぐ地下道が存在する、②ゲーリングの現場への到着があまりにも早い、③ゲーリング指揮のもと、一晩で数千人分の逮捕命令を出すなどあまりにも迅速、④実行犯はルッベのみだと言うが、国会を全焼させるほどの放火剤を一人で運べるわけがない、⑤この事件を機に「全権委任法」が成立した、などなどの点から今でも「ナチスの犯行」だと思われています。ゲーリングばかり目立つのは、彼が国会議事堂のあるプロイセン州の内務大臣で、警察権を握っていたからです。

また、『わが闘争』の中にある「大衆は小さな嘘よりも大きな嘘に騙されやすい。なぜなら大衆は小さな嘘は自分でもつくが、大きな嘘は怖くてつけないからだ」という記述が、この事件を暗示しているようにも捉えられています。

火の用心　ルッベ一四　全焼のもと

ところで、熾烈な選挙戦を戦った上位三政党は、プロパガンダを得意とする政党でもありました。

社会主義政党の使命は社会の下層で苦しむ人々の救済です。しかし、ドイツ社会民主党が誕生した一九世紀、下層の市民は教育を受けていないため文字が読めませんでした。彼らの関心をつかむために、理論ではなく感覚から入るプロパガンダが発展します。具体的にはイメージカラー、イメージイラスト、シンボルマークやスローガンの強調と多用、祭りやデモ行進による盛り上げなどです。ドイツ社会民主党から枝分かれしたドイツ共産党もこの流れを引き継ぎ、また、遅れて生まれたナチスもその効果に着目します。三者は敵対し、憎み合い、罵り合いながらも互いに互いの技術を学び、進化させてゆきました。

まずは注目を集め理屈は後から説明する（あるいは説明しない）手法は、当時のドイツの生活そのものに入り込んでおり、例えば朝起きて通りに出た時、たまたま見かけた人がこれらの政党の支持者であれば分かります。

指先まで腕を伸ばして「ハイル・ヒトラー！」と敬礼していたらナチス、肘を曲げてガッツポーズし「ロート・フロント（赤色戦線）！」と叫んでいたら共産党、肘を伸ばしたガッツポーズで「フライハイト（自由）！」と呼び合っていたなら社会民主党です。それぞれに各政党の理念を一言で表した分かりやすい相言葉でした。しかし、しのぎを削ったドイツの挨拶は「全権委任法」成立以降、勝利した「ハイル・ヒトラー！」に統一され、個人崇拝のまたとない道具として全国民の縛り上げに威力を発揮します。

Q：ヒトラー、ゲッベルス、ゲーリング、ヒムラーの乗った飛行機が墜落しました。助かったのは誰でしょう？

A：ドイツ国民。

AIZ

Zeitungsmeldung vom 8. April 1934:
„Die diesjährige Maiplakette der Nationalen Arbeitsfront trägt neben einem Goethekopf und dem Adler mit Hakenkreuz auch die bolschewistischen Symbole Hammer und Sichel, offenbar um auf diese Weise die dem Regime immer noch ablehnend gegenüberstehenden Arbeiter zu gewinnen."

MIMIKRY

Nachdem alle Versuche, die nationalsozialistischen Ideen in die Arbeiterschaft zu tragen, erfolglos geblieben waren, ist Göbbels auf einen letzten verzweifelten Einfall gekommen: er hat den „Führer" überredet, fortan, wenn er vor Arbeitern spricht, sich einen Karl Marx-Bart umzuhängen.

ジョン・ハートフィールド〈チェコスロバキア〉

一九三四年四月十九日。

キャプション

「擬態」

「労働者階級に国家社会主義のイデオロギーを浸透させるすべての試みが失敗した場合、ゲッベルスには一つの絶望的な考えがあった。彼は労働者たちを味方につけるために、ゆくゆくはカール・マルクスのヒゲを着用するよう総統を説得した」

◉ゲッベルスがこともあろうにヒトラーをマルクスに擬態させています。

『労働者イラスト新聞』（略称ＡＩＺ）はドイツ共産党の機関紙です。ナチスに壊滅させられた共産党はチェコスロバキアに雑誌ごと拠点を移し、そこで発行を続けました。共産党機関紙としてあまりにも異常なこの表紙は、党員ハートフィールドによるフォトモンタージュ（精巧な合成写真）ですが、ナチスとの共闘時代を振り返っての恨み節とも思えます。当時の共産主義者にとって極めて大切なメーデー（労働者の祭典）である五月一日直前の発行であり、時期的にも強烈です。

　チェコがドイツに併合されると、雑誌はフランスへ逃げ、フランスがドイツに敗北すると発行は途絶えてしまいました。

1931年 ドイツまんが

同盟

ナチ党員　　　　　　　　　　　　ドイツ共産党員

（投票前）「飲もうぜ兄弟　国民投票の勝利を期して」

（投票後）「国民投票は勝てなかった。しかし、我々は今、少なくとも再び上昇し、
神に感謝すると言えるようになったのさ」

グルブランソン『同盟』解説

グルブランソンの作品の解釈について、本書の監修者である芝先生のご意見を伺いましたところ、明快なお返事をいただきました。解説なしでは分かりにくい作品なので、芝先生のご許可を得て掲載致します。(若林悠)

国民表決(Volksentscheid)と国会選挙(Reichstagswahl)は分けて考えられます。グルブランソンの絵が背景にしているのは1931年のVolksentscheid国民表決(国民投票)です。

それは、プロイセン州の州議会の解散を求める国民表決であり、フーゲンベルクの国家国民党に近い右派だった鉄兜団(シュタールヘルム)が、提案したもので、1920年以来、ドイツで最大の州プロイセン州の州政権をになっていた社会民主党を州政権からひきずりおろすためにプロイセン州議会を解散させようとしたものでした。

1930年の国会選挙で躍進し国会第二の党になったナチ党は、この国民表決に賛成し、共産党も結局賛成しました。

1929年のメーデーのデモに参加した共産党系の労働者がデモ規制のプロイセン警察に多数射殺される事件があり、当時モスクワのコミンテルンも、真の敵はナチズムではなく、むしろ資本家と妥協し議会制民主主義下、直接民主主義をおさえこんでいる社会民主党が体現している“社会ファシズム”こそだとしていたため、ドイツ共産党もヴァイマル共和国民主派の牙城だったプロイセン州の州政権を解体に追い込み社会民主党を切り崩すために、この国民表決に敢えて参加しました。

しかし結果は過半数をとれず(39.8パーセント)、国民表決は失敗しました。戦後ドイツ共産党を引き継いだ東独社会主義統一党は、ナチ党とこうした“共同行動”を組んだことは誤りだったと総括しています。

当時グルブランソンは、風刺画雑誌『ジンプリツィシムス』の中心的画家のひとりでしたから、ヴァイマル共和国ないしそれを支えようとする民主派の動きを破壊しようとする極右極左、ナチズムや共産党を批判し皮肉る絵を描いているといえます。

1933年2月 ドイツまんが

商売上手

ナチス党首：アドルフ・ヒトラー
ナチ党員の前で

ロシア共産党創設者：ウラジーミル・レーニン
共産党員の前で

元ドイツ皇帝：ヴィルヘルム2世
君主主義者（帝政復活派）の前で

ドイツ社会民主党創設者：アウグスト・ベーベル
社会民主党員の前で

ローマ教皇：ピウス11世
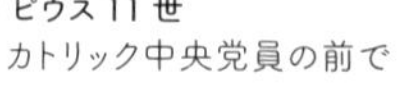
カトリック中央党員の前で

（貯蓄銀行への階段）
その適応能力に目をむく

（3月に全権委任法が成立する直前、他党が活動できた時代の作品）

Q：世界最大の農場主といえば？

A：ヒトラー。

六三万平方キロメートルの土地に七千万頭の羊を放牧している。

「全権委任法」の暴力的な成立。一歩間違えば破滅へと突き進んでしまう、そしておそらく間違う可能性しかない法案は、易々と決まってしまいました。しかし、現職議員の大量逮捕という非常事態が起きている割には、一般国民の不安はなかったようです。

独裁者誕生・秘話

当初は「首相就任中の四年間」という期限付き法案だったのですが、独裁権を獲ったが最後、そんな制約は意味を持ちません。「内閣構成は変更しない」という約束を次々に無視。航空国家弁務官事務所を格上げした航空省大臣にゲーリングが、新設された宣伝省大臣にゲッベルスが任じられ、また、無任所大臣（持ち場はなく名誉職のようなもの）としてヘスも入閣しました。三カ月後には一党独裁体制へと移行します。

そして、一九三四年八月、ヒンデンブルクが老衰で死去すると、大統領の職務もヒトラーが兼任することになり、名実ともにドイツの「総統閣下」となります。法で保護された最高権力者が誕生した以上、何が起こっても、もう異を唱える手段も勢力もありません。

ところで、ヒトラーはいつから本気で「独裁者」を目指していたと思われますか？　ナチスが選挙で第一党になった辺りでしょうか？　もちろん、あの時もパーペン首相に全権委任の要求をしています。（一度は拒否したパーペンですが、後に自分の立場が危うくなるとヒトラーに接近し、ヒトラー内閣の初代副首相に収まりました）。しかし、ヒトラーの独裁権要求は実はそんな直近ではなく、ミュンヒェン一揆をさらにさかのぼり、なんと、政治活動を始めた当初からなのです。

ナチスがまだ、こぢんまりした地域政党であった時代、党員で大学教授のディッケルとヒトラーが対立したことがありました。ヒトラーはディッケルを追い出したかったのですが、党員たちはむしろディッケルを盛り立てようとしました。ヒトラーの情熱と演説の上手さは認めるものの、ディッケルの地位と知識を看板にして活動すべきと考えられていたのです。ヒトラーは怒り、離党しました。党員たちは大慌てです。

党のイベントに集客するにはヒトラーの演説力が欠かせず、ヒトラーが抜けるのは解党の危機です。党員たちはヒトラーに復党を頼み、ヒトラーは肯いたのですが、その条件は「ヒトラーの独裁権を認めること」でした。党員たちすべてが思い通りにならない場所では活動したくなかったのです。党員たちは条件をのみ、もちろんディッケルは追い出されて、吹けば飛ぶようなリトル・ナチスは独裁者の党となりました。

ヒトラーは初めから独裁者だったのです。グループの器の大きさにかかわらず、その中で何もかもを要求する権利があると、信じて遠慮がありません。まさに、「総統は常に正しい」です。

第一次世界大戦の頃は、単なる「伝令兵（＝上司の決定を前線部隊に伝える役目）」の職務を忠実に実行し、不満を抱えた様子もありません。どこで、この大いなる野望（権利）が生まれたかというと、これは間違いなく、自分の演説力に気づいてからだと思われます。天職を知ると同時に、独裁者を目指しました。「気難しく激高しやすい」性格はそのままに、聴衆を酔わせることで自分自身をも酔わせ、ヒトラーは神と同化してゆきます。

ビスマルクは自分の信じたことを言い
ヒトラーは自分の言ったことを信じ
ゲッベルスは自分の言ったことを信じず
パーペンは自分の信じたことを言わなかった

またミュンヒェン一揆の後にも、「指導者も誤りを犯す。しかし、（一時的には）間違った決定に従う方が、個人の自由を認めるよりも最終目標に到達しやすい」と演説していて、目的達成と独裁権はヒトラーにとっては切っても切れないものなのです。そして、『わが闘争』にはっきり書いてあります。

「多数者というものは、いかなる形式においても、あらゆる前提のもとでも、愚鈍と卑怯の代表者であるだろうし、したがって組合が多く集まっているということは、それが自薦の多数者の指導によって支配されるや否や、卑怯さと弱さに引き渡されてしまう」

つまり、愚鈍で卑怯でボンクラな弱者どもが、弱者の考えで弱者のために運営する多数決（＝民主主義）などもってのの外で、賢く勇気ある指導者の決断（＝独裁）の方が遥かに優れていると言っているのですね。確かにうまく作用すれば、早くて無駄がないのですが……。

このヒトラーの理念が晴れて実現してしまい、ドイツは「ユダヤ人迫害」と「戦争」という二重の重い十字架を背負って、奈落の底へと激烈に突き進んでゆくことになります。

ヒトラーが悪魔に尋ねた。
ヒトラー「地獄というのはどこにあるのかね？」
悪魔「ドイツにあると聞きましたよ」

1930年 ドイツまんが

ヒトラー氏はドイツ国籍を得たいのだ!

「議会制は完全に腐っている!」

「私がドイツ国籍を取得し、選挙で選ばれる資格を得てこそ、
この腐った空気を取り除けるのだ!」

軍需産業と経済政策

フォルクスワーゲンは素晴らしい車だ。
だが、まだ、国境越えのドライブは実現していない。
外国へは戦車で行けばいいからである。

ヴェルサイユ条約によって多額の賠償金を押しつけられていた敗戦国ドイツは、さらに兵員も一〇万人以下しか保持してはならないと、厳しい制限をされていました。たった一〇万人の軍隊では外国と戦うことは不可能で、国内暴動を抑える程度の役割しか果たせません。

周辺国の監視の目の中で、いったいどうすれば「大ドイツ帝国」建設のための準備ができるのでしょう? 何と言ってもドイツ国内に国際軍備監視団が置かれているのです。徴兵制度も廃止、参謀本部も廃止、戦車も潜水艦も航空母艦もおよそ兵器と言われるものは、片っ端から製造・保有が禁止されています。

抜け道と目くらましを探るヒトラーは、軍需産業技術を維持するために平和的な車を開発させました。フォルクスワーゲンとトラクターです。これらの製造は一見、戦争とは無関係です。ですが、使われる技術は兵器に直結します。そこに連合国側がうっすら気づいたとしても、「車を作るな! 農作物生産を増やすな!」と言うわけにはいきませんから、技術革新に熱心すぎても黙っているより仕方がありません。

ただし、試作品のように、一つ二つ作って満足していたのでは、戦争になれば間に合いません。大量生産用の工程ラインを完成させればこそ、それは、直ちに充分な軍用生産に移行できるのです。そこで、金持ち専用のきらびやかな高級車を手間暇かけて作るのではなく、大衆車に狙いを定めます。この「大衆車」はあくまでも「安価で普通の国民が買える」という意味であり、その値段からは信じられないほどの高性能を誇っていました。「安価で丈夫で高性能」な夢の大衆車、フォルクスワーゲンはこうして誕生したのです。さらに、自動車税も撤廃し、「一家に一台」のスローガンのもと、せっせと増産するために「買う意欲」を高めました。

加えて、道路を整備しました。仮に大量の兵器製造技術があっても、輸送路や原料・燃料調達手段が未発達では使いこなすことができません。しかし、当時のドイツの道路事情は良好とは言い難い状態でした。一九世紀後半にビスマルクがドイツ統一を果たすまでは、数百の町にそれぞれ独自の道路が造られていたので、ごちゃごちゃしている上、規格の統一性もなくスムーズに走れないのです。パリの凱旋門を中心に放射線状に伸びているフランスの道路などと比べると、雲泥の差がありました。

そこで、道路行政を一本化、フォルクスワーゲンの製造と同時進行で、壮大な高速道路（アウトバーン）計画に着手します。第二次世界大戦で苦戦を強いられるまでに、三九〇〇キロを完成させるという驚異のハイペースでした。

「オリンピックのため」という建前を掲げていましたが、真の目的は戦争のためでした。第二次世界大戦の初期、東西南北へ侵攻を続けるドイツの快進撃に、アウトバーンは極めて重要な役割を果たします。神出鬼没な戦車の走行に、また、資源の乏しいドイツの輸送路として、あるいは航空機の滑走路としても活用されました。これはドイツのもうひとつの「兵器」だったと言っても過言ではないでしょう。

一石二鳥なことに、このアウトバーン建設は六〇〇万人に及ぶと言われた

車の運転が得意なヒトデヒットラー
「仮面ライダーX」第二六話
一九七四年八月十日放送
（制作）毎日放送、（企画）東映

失業者対策にもなりました。建設費の四六％が労働賃金に充てられたのです。賠償金と世界恐慌でドイツ銀行までが破綻し、異常な数に膨れ上がっていた失業者が救われました。

「これからの国家の評価は鉄道ではなく、高速道路の長さで決まる。自動車が金持ち階級の専用物である限り、それは国民を貧富に隔てる道具にしかならない。国家を真に支えている多くの国民大衆のための自動車であってこそ、文明の利器であり、素晴らしい生活を約束してくれる。我々は今こそ『国民のための車』を持つべきである」

食うや食わずだった国民に自動車を所有するような夢を提供し、熱い演説でダメ押しします。戦勝国と堂々と渡り合う態度も共感を呼んで、ヒトラー人気が沸騰しました。

Q：ドイツにおける、国家社会主義と性的興奮は何が違うのか？
A：ドイツの国家社会主義では、一時の快楽の代償を子孫代々、払い続けねばならない。

また、「一〇万人以下の軍隊」ですが、これはヒトラー以前のヴァイマル共和国時代に、ゼークト上級大将が手を打っていました。すなわち、精鋭部隊にしたのです。一〇万人を第一次世界大戦で活躍した者や身体能力の優れた若者に絞り、すべての兵士に下士官以上の教育を行います。そして、実際の下士官には将校級の教育を施します。つまり、常に肩書きより能力がワンランク上となるようレベルを上げていたのです。

下士官には一〇～二〇人の小隊を指揮できる権限があります。それ以下の命令に従うのみの一般兵士はすぐに育成できますから、下士官級の人材一〇万人をしっかり育てれば、それは一〇〇～二〇〇万の軍隊を所持したことになるのです。これは上手いやり方でした。

須山計一〈日〉

一九三三年

キャプション

「軍備と関税のために家財は傾く。債務者は文無しだ。そこで、没落資本主義を救えのデモンストレーションが始まった」

英首相マクドナルド（右の人物）のプラカード

「世界経済会議は諸君を恐慌から救う！」

覆面男（左の人物）のプラカード

「資本主義を救え！」

◉世界恐慌を乗り切るために一九三三年にロンドン経済会議が開かれますが、成果なく終わりました。この絵では賠償金で困窮しているヒトラーに、ボロボロになった資本主義国がさらにたかろうとしています。

　覆面男のそばにあるのが日本の帝国議会議事堂に似ていますので、これは日本の政治家でしょう。日本でも言論弾圧が強固だったこの時代、社会主義者である須山計一は治安維持法で逮捕され、当時は執行猶予中。須山は政治家のモデルをはっきりさせないことで、再び捕まらないよう注意しながら作品を描いているのです。

ウィル・ダイソン〈英〉

キャプション

「債務者クラス」

教授（偉大な経済）「あなたたちは無知なので、古典的な帝国主義を見せつけることが、誇り高い真の国家の姿だと考えるかもしれません。しかし、それは間違っているのです」

生徒（ヒトラー）「先生、ぼく、このクラスから出て行ってもいいですか？　とっても情けない気分なんです」

教授（偉大な経済）「みんな、そんなことを言わないのに。座って！」

◉世界恐慌中、帝国主義から貿易による発展へ切り替えようとする先進国の生徒たち。二列目に米アンクル・サムや英首相スタンリー・ボールドウィンもいます。みんな、まじめにノートをとっている中で、ヒトラーとムッソリーニ（ヒトラーの後ろのとても狭いスペースにいます）だけが言うことをきかないようです。

突撃隊と親衛隊

Q：ナチスと腫瘍は何が違うのか？
A：腫瘍は志願したわけではない。
腫瘍は給料をもらわない。
腫瘍は良性であることができる。

突撃隊（SA）は「ナチ的な」を象徴するような機関です。ナチスの理想を実現するために、宣伝活動をすることと、敵対者を武力で叩き潰すことを目的として、党成立の初期に創られました。ただし、「武力」が前面に出てしまうと外国に警戒されますから、表面上は「スポーツ団体」ということにして体を鍛えていました。この組織は「一〇万人以下の軍隊（精鋭部隊）」とは違い、浮浪者、失業者を含め、誰もかれもを受け入れてゆき、やがて三〇〇万人の巨大組織に発展します。ヒトラーは「一〇万人以下の軍隊」の下に突撃隊を組み込む構想を立て、戦争に備えようとしたのです。

しかし、「ならず者」が多いので町で嫌われており、いつしかヒトラーも疎ましく感じるようになりました。さらに、突撃隊が数に任せて軍部の上に立とうとしたのが、はなはだ問題でした。彼らはナチス・ドイツ成立に続き、突撃隊の権限を高める「第二革命」の必要性さえ叫んでいたのです。ヒトラーは党員を可愛がりますが、「ならず者」に国家の主力となって戦う意志や能力があるとは期待していません。

一九三四年六月三十日。ついにヒトラーは幕僚長レーム以下の突撃隊の幹部に夜襲をかけ、逮捕、拘禁、処刑しました。その人数は数百人と言われていますが、正確には分かりません。ついでに、党内左派のシュトラッサーや、ミュンヒェン一揆で対立したカールなど、突撃隊とは無関係な邪魔者も消しているのですが。
「長いナイフの夜」と呼ばれたこの粛清で、ナチスの躍進に多大な貢献をしてきた突撃隊はすべての幹部を失い、以後、急速に衰えてゆきます。しかし、評判の悪い組織ゆえに、国内のヒトラー人気はむしろ上がったそうです。「良性の突撃隊員などいない」と思っていた国民が多いのでしょう。

この後、これに成り代わって台頭したのが、突撃隊の傘下にあった親衛隊（ＳＳ）です。総統ヒトラー↓親衛隊長官ヒムラー↓親衛隊という、序列のはっきりしたヒトラー直属機関が独立を果たしました。「暴力装置」ではなく「憧れの組織」へと昇華させるため、ヒムラーは親衛隊にナチスのエリート機関としての選抜基準を設けました。耳にタコができるほど聞かされる「金髪・碧眼・長身・頭脳明晰・身体頑健な優秀なるアーリア人」です。

突撃隊と親衛隊の明確な違いは、「ならず者」と「エリート」というイメージのみでなく、その長とヒトラーとの関係性にあります。幕僚長レームはヒトラーと古くからの知り合いで、第一次世界大戦後、ヒトラーが軍に残っていた時の上官にあたります（直接の上官ではありません）。ナチスでは上下関係が逆転していますが、党首ヒトラーがレームの腕を見込んで、突撃隊を任せるために外国にいたレームをドイツへ呼び戻した経緯があり、信頼関係を築いていました。

「俺」「お前」で呼び合う親しい間柄だったのですが、ヒトラーがドイツ総統になってもレームは対等にふるまい、ヒトラーの意に反することを平気で行うので、いつしかヒトラーの重荷になっていったのです。また、隊員たちも「ボスはレーム（＝ヒトラーではない）」との意識でしたので、具体的な計画は立てられていなかったものの、「第二革命（クーデター）」は現実的な心配事でした。

そしてついに粛清されたレーム以下、突撃隊全幹部。彼らの命を踏み台に、「総統に徹頭徹尾の忠誠を誓う」ヒムラーの親衛隊がのし上がっていったのです。

ナチスとしての理想の形は出来上がりました。ですが、ヒトラーにとって、この粛清は決して気分の良いものではなく、国内統治のため仕方なく実行した面もあり、しばらくは落ち込んで具合が悪そうにしていたようです。

ムッソリーニを含め、外国は一斉に裁判もせず行われたこの粛清を非難しました。が、喝采を送った人物が一人だけいます。スターリンです。「これこそ政敵の正しい扱い方だ!」。その数カ月後、スターリンは大粛清を開始。七四歳で病死するまで、ソ連で恐怖政治が猛威を奮うことになります。人命被害はヒトラーの数倍(多い見積もりだと一〇倍)に上りました。

似たようなイメージの二人ですが、同志殺しを喜々として行うスターリンの冷血ぶりに比べれば、ヒトラーはいくらかマシに見えたりもします。スターリンは粛清した同志は最初からいなかったことにして、公的文書を偽造し、写真を修整し、彼らの仕事のすべてを自らの手柄にすり替えてゆきますが、ヒトラーはこれをやりません。レームの功績をはく奪したことはなく、ヒトラーとレームが共に突撃隊を閲兵している写真なども、レーム部分だけ削り取ったりはせずにそのまま残されています。

ヒトラー、ゲーリング、ゲッベルス、ヒムラーが散歩していた。
彼らは公園のベンチに、カトリック司祭の聖務日誌が置き忘れられているのを見つけた。
ヒトラーが日誌を開き、読み始める。
日誌「神は我らが総統ヒトラーを受け入れるでしょう」
日誌「神は我らが元帥ゲーリングを受け入れるでしょう」
日誌「神は我らが大臣ゲッベルスを受け入れるでしょう」
日誌「神は我らが指導者ヒムラーを受け入れるでしょう」
ヒトラーが口笛を吹く。
ヒトラー「カトリックにも、こんなに民族意識の高い素晴らしい司祭がいるのだ!」
ヒトラーはさらに読み進めた。

日誌「神は我らが幕僚長レームを受け入れました。 一九三四年六月三十日」

シドニー・ストゥルーベ〈英〉

一九三四年。

キャプション

支配人「観客のみなさま、しばし、お待ちいただけますか？ ステージの後ろで軽度の事故がありました。カーテンは数分でもう一度上がる予定です」

◉「長いナイフの夜」事件。

ナチス劇場の幕の後ろに突撃隊員たちの倒れているのが見えます。支配人のヒトラーが軽度の事故を修復し、再開のメドを立てている様子。

動揺している観客は左端がアンクル・サム、その横がジョン・ブル、右から二番目がソ連兵士、右端が地球です。

1930年 ドイツまんが

ナチ「クラフトプローベ(実力験し)」最新版を参照・改編

テューリンゲン州警察官・採用試験

テスト1．100個のダムダム弾にやすりをかける

テスト2．救急隊員を殴る

テスト3．ユダヤ人墓地を荒らす

テスト4．露天商を刺す

テスト5．ヒンデンブルクの写真をメチャクチャにする

テスト6．その他のあらゆる日常生活局面で
役に立つ人間でなければならない

ヤコブス・ベルゼン〈独〉
一九三二年。
キャプション
「トロツキーとドイツ共産党の羊」
羊「背教者のろくでなし！　彼は私をリードロープから引き離そうとしています！」

◉ヒトラーに連れ去られようとしている従順な羊の縄を、トロツキーがハサミで断ち切ろうとしています。羊の体にあるのはドイツ共産党の党旗。赤い星の中にソ連のシンボルと同じ「鎌（農民の象徴）とハンマー（労働者の象徴）」の絵が描かれた図案です。

羊が迷惑そうに見ているのはヒトラーではなく、「共産主義の裏切り者」トロツキー。トロツキーは当時、スターリンの陰謀でトルコ領プリンキポ島に追放され、身動きできない状態にあったため、亡霊のように足がありません。

「ろくでなし」の字には「Lump」が使われていますが、これは多分「Lumpenproletariat（ルンペンプロレタリアート＝階級闘争の役に立たない部類の労働者のこと。マルクスの造語）」に引っかけているのでしょう。スターリンに絶対服従の（元）ドイツ共産党員は、ナチス・ドイツ成立以降もトロツキーを裏切り者扱いしていました。

この絵が掲載されていたのは、ドイツ社会民主党の風刺雑誌『デア・ヴァーレ・ヤーコプ』です。二〇世紀はじめに史上初の一〇〇万党員を有したドイツ社会民主党は、党機関紙として風刺雑誌を作ることを思いつき、その狙いが大当たりして勢力を拡大させた党でもあります。この研究は佐藤卓己『大衆宣伝の神話――マルクスからヒトラーへのメディア史』（ちくま学芸文庫）で風刺画付きでたっぷり読めます。

アーサー・シイク〈米〉

一九四一年。

キャプション

「狂人の夢」

●「我は聖霊なり」と書かれた王座に君臨するヒトラーが、足で地球をもてあそんでいます。敷物にされているユダヤ人が着ている服には「劣等人種とされた」の文字。その顔がスターリンにも似ているように見えるのですが、どうなのでしょうか？　この敷物がスターリンならば、共産主義（シンボルカラーは赤）のスターリンに白い服を着せることで、「どんなレッテルでも貼れる」という意味を強化します。

一九四一年発行の個人誌に収録されていますが、絵には「一九四〇」の文字とサインがあるので、作成されたのは独ソ不可侵条約が機能していた時期です。また、絵の内容から見て六月以降、フランスがわずか六週間でドイツに敗れ、世界が真新しいショックを受けていた頃です。

ヒトラーに仕える家来たちは時計回りにゲッベルス、ラヴァル副首相（フランス・ヴィシー政府）、ヒムラー、ゲーリング、ムッソリーニ、グデーリアン将軍（ドイツ国防軍）、日本兵。

ラヴァルは戦後、ナチスに協力しすぎた罪で死刑になりますが、何が何でも平和を得ようとナチスに協力したからこそ、フランスは敗戦後もいくばくかの権利を与えられたのだとも言えます。ラヴァルが持っている人形はペタン仏ヴィシー政府首相。ペタンも死刑判決を受けましたが、ナチスに抵抗した英雄ド・ゴール将軍の働きかけで死刑は免れました。

鎖をはめられヒトラーのご機嫌をうかがっているのは、アンクル・サム（米）とジョン・ブル（英）。その後ろでドイツ兵が見張っています。この絵のタイトルは「狂人の夢」なので、米英を批判しているわけではありません。

チェコの森に侵入してチェコ人を捕まえて、ガイコツに運びました。チェコ人はとても寂しかったのです。ポーランド人も捕まえて半死までかじりつけて、ガイコツの歯の向こうに隠してしまいました。セルビア人も運んできました。
セルビア人をガイコツに詰め込んで、「これは新しい秩序だ」と言いました。
これは新しい牢獄です。人々は寂しがりながら、この牢獄にずっとずっといて、新しい秩序が大嫌いで、歯ごしに世界を見ています。でも動物はこの人たちの土地でいろいろやって、血を飲んで、まったく飽きることがありません。
食べ過ぎて、咳き込んで、今度は東へ行こうとしました。 ⑥

生き残りは戦おうとしていますが、でも巨人は倒されません。
悪魔と戦っている音がすべての世界に行き渡り、海の向こうにも聞こえています。
そして、みんな、自分の自由を大事にしている人々が、立ち上がって加わります。
巨人はナチの動物を倒してゆきます。ソ連の土地から追い払ってゆきます。
戦って、戦って、戦って……。自分の聖なる土地をきれいにするのです。 ⑦

「無秩序はこれで終わりだ」オオカミは言いました。

「我々はすべての人間を四つん這いにさせる」

「すべての言語を禁止して『ハイル』としか言わせない」

「すべての世界を吠え声とイビキとブタのブーブー音にさせる」

「前に進もう！」そして、戦争に行きました。
⑤

そしてオオカミは自分のギャングと一緒に、ソ連の巨人に向かって戦い始めました。
オオカミは巨人ののどに噛みつこうとして、ブタは足を噛もうとして、ネズミはシャツを破ろうとしました。三匹でやろうとしたけれど、もちろんできず、無敵のソ連の巨人が力強く地上に立っています。巨人はナチの動物を攻撃していっぱい殺したけれど、まだ生きているのもいます。

次にゲッベルス・サルが来ました。サルマネするのが大好きです。

「一緒にいましょう」「いいだろう」

次にヒムラー・ネズミが来ました。趣味は密告することです。

「ネコはいませんね?」「ネコはいない」

次にゲーリング・ブタが来ました。すごくうるさい何かを食べてる音がします。

「私はアーリアのブタです」と言いました。

「おお、素晴らしい。ともに住もう」「ブヒーン」

オオカミが地球を変えようとしています。新しい決まり。

「これからは、私はオオカミではなく総統になる。わかるかね?」

「わかります」オオカミは組織が欲しいです。「君は何ができるのか?」ネズミは密告ができます。ブタが生垣を壊して土を掘ってしまったところを見て、密告しました。

オオカミは大喜びです。「それなら君は自給自足経済(生存圏獲得)の部署につきなさい」サルは本を破って風に撒き散らすし、自分でも書くことができます。

ネズミが書かれた内容を密告しました。「父と母を殴れ」

オオカミは感心しました。

「きみはプロパガンダ専門だ」

「そして、ネズミはゲスターポの部署につきなさい」

1942年 ロシア童話

家と牢獄

新しくできた古い物語

みんな、一緒に住むことになりました。でも、汚くて臭くてロクなことはありません。

サルはいつも誰かを追いかけています。ネズミは誰を密告すればいいのか、
じっと自分のメガネを見ています。ブタは寝てばかりです。オオカミは嫌になってきました。

「これでは誰が私にエサをくれるのか？」周りの世界（ソ連）ではみんなが平等、
兄弟姉妹と暮らしています。オオカミは怒って吠えました。

「我々は最高人種なのに、どうして周りのやつらは我々のためではなく、自分たちのために働いているのか？　我々のためにすべきではないか？」

最高人種とはなんでしょう？

「我々の足は四本もあるのに、他のやつらは二本しかない」

M・ラードラー〈ドイツ連合軍占領地区＝後の西ドイツ〉

一九四六年。

キャプション

「アルゼンチンのジャングルの中で事が起こっています」

◉第二次世界大戦の敗戦翌年に描かれた作品。ゴリラの群れの中、ゴリラのヒトラーが演説し、ゲッベルスの肖像画も掲げられています。ジャングルに掲げられた旗には「ハイル、我らがアドリラ」。

「アドリラ」はアドルフ＋ゴリラの造語でしょう。木に「人種汚染」と書かれた張り紙があります。アドリラの主張と、一九四六年のドイツ国民のナチスへの評価を掛けてあるようです。ナチス幹部の南米逃亡説がささやかれていたことに着想を得たものと思われます。

第四章

第二次世界大戦への道

リュート・ピーズ〈米〉
一九三九年。
キャプション
「これも『事前に解決』されていますか?」

◉背中に刃物を隠して地球を奪い合うヒトラーとスターリン。「独ソ不可侵条約」を世界はこう見ました。

「事前に解決」した問題とは、「秘密条約でポーランドを分割した」ことでしょう。侵略はポーランドに留まるわけがなく、「地球全体の取り分も決まっていますか?」と問うています。

ファシズムと共産主義

ヨーロッパでアドルフとヨシフという二人の男の子が生まれた。
二人ともよく暴れるが、
右の腕力が強いのがアドルフで、左の腕力が強いのがヨシフである。

ヒトラーが首相になった頃、東ヨーロッパで「真逆のイデオロギーを掲げながら双子のようだ」と評される国家が足場を固めていました。ヨシフ・スターリンが統治するソビエト連邦です。

一党独裁、強力な中央集権体制、異端の排除、限度のない暴力支配……左右両極端の思想と確かによく似ています。第一次世界大戦と世界恐慌による傷の癒えないこの頃の世界では、左右両極端の思想が広がり、その内、左へ行った者がソ連で社会主義（共産主義）国家を創り、右へ行った者がイタリアとドイツでファシズム国家を創りました。（レーニンの説明では、平和で平等な理想の共産主義というゴールへ移行する過渡期＝混乱期の姿が社会主義です。ゴールへ到達するまでの混乱期に、労働者が資本家を倒して社会を変えるのだとされました。広い意味での社会主義には、共産主義も社会民主主義もいろいろ入ります）。

世界で初めて「ファシズム思想」を打ち出したのは、イタリアのベニート・ムッソリーニです。

ムッソリーニは、第一次世界大戦前には社会主義活動をしていました。しかし、戦争が始まると「ファシズム思想＝独裁権を持つ優秀な指導者が国家を繁栄させる」に目覚め、社会主義思想を捨て去ります。ムッソリーニと共に社会主義の新聞を発行していた同志たちは、編集長であるムッソリーニが突然、勝手に社会主義を否定する記事を書き始めたのを見て仰天しました。編集長の座を追われたムッソリーニですが、そのファシズムの指導者は自分であると感じてクーデターを起こし、国王を名目的な国家元首に落として、実質的なイタリア最高権力の座に就くことに成功しました。

このムッソリーニの思想にいたく感動し、よく似た体制の党をドイツに創ったのがヒトラーです。『わが闘争』の中でもムッソリーニを賛美しており、イタリア「ファシスタ党」に似せてナチスを育てました。しかし、本人は認めないでしょうが、残虐性も加えたヒトラーの党は、イタリアだけでなく目の敵にしているソ連にも似ていたのです。

人類が幸せになるための各イデオロギーの前提

資本主義は勝利を前提とする。
共産主義は引き分けを前提とする。
ファシズムは指導者が素晴らしいことを前提とする。

ただ、ソビエト連邦とナチス・ドイツには、経済政策（私有財産を認めるか否か）や宗教に対する姿勢（ナチスは神を讃え、ソ連は無神論）以外にも圧倒的な違いがありました。政府と国民との距離感です。

「人民の平等」「階級廃絶」を掲げるスターリンは国民を無視し、国民の前にほとんど姿を現さず、演説も滅多にせず、まともな選挙は一度も行わず、新聞などを使った一方向からのプロパガンダのみで、会議室から一歩も出ずに政策を決めていました。

反対に「ファシスト」であるヒトラーは演説によって力を持ち、民主的な選挙で選ばれ、正しい政策も邪悪な政策もそのまま語り、国民の反応を逐一確かめた上で効果的なプロパガンダを模索し、国民の支持こそを自らの力の源泉としていました。

なぜか、イデオロギーと一八〇度真逆なねじれ現象が起こっています。ムッソリーニの方も演説が上手く、武装クーデターで獲った政権とはいえ、国民の支持を受けての無血革命でした。

「ヒトラーもスターリンも、上下の区別のないところで人間関係を築く能力はなかった」とよく言われます。確かにスターリンの生涯にはレーニンへの尊敬はあっても（初期限定）、同僚への友情はどこを探しても見あたりません。「スターリン（「鋼鉄の人」の意味）」はそれでも寂しくないようです。

が、ヒトラーはムッソリーニと政治面だけでなく個人的にも完全な友情を築いており、それはヒトラーが死ぬまで続きました。ただ、外部の目には、ドイツが勝ちまくりイタリアが負けまくったために、対等に見えなかっただけの話です。

ヨーロッパにアドルフとベニートという二人の男の子が生まれた。
二人はやたらと似ており区別がつかない。
しかし、見分ける方法が一つある。
寝小便の多い方がベニートである。

ミハイル・ドリゾ〈仏〉
一九四〇年。
キャプション
「我々は犯罪者と同様に見られている……。なんともバカげた話だ！　犯罪者は刑務所で人生を終えるが、我々はそこからスタートしたというのに！」

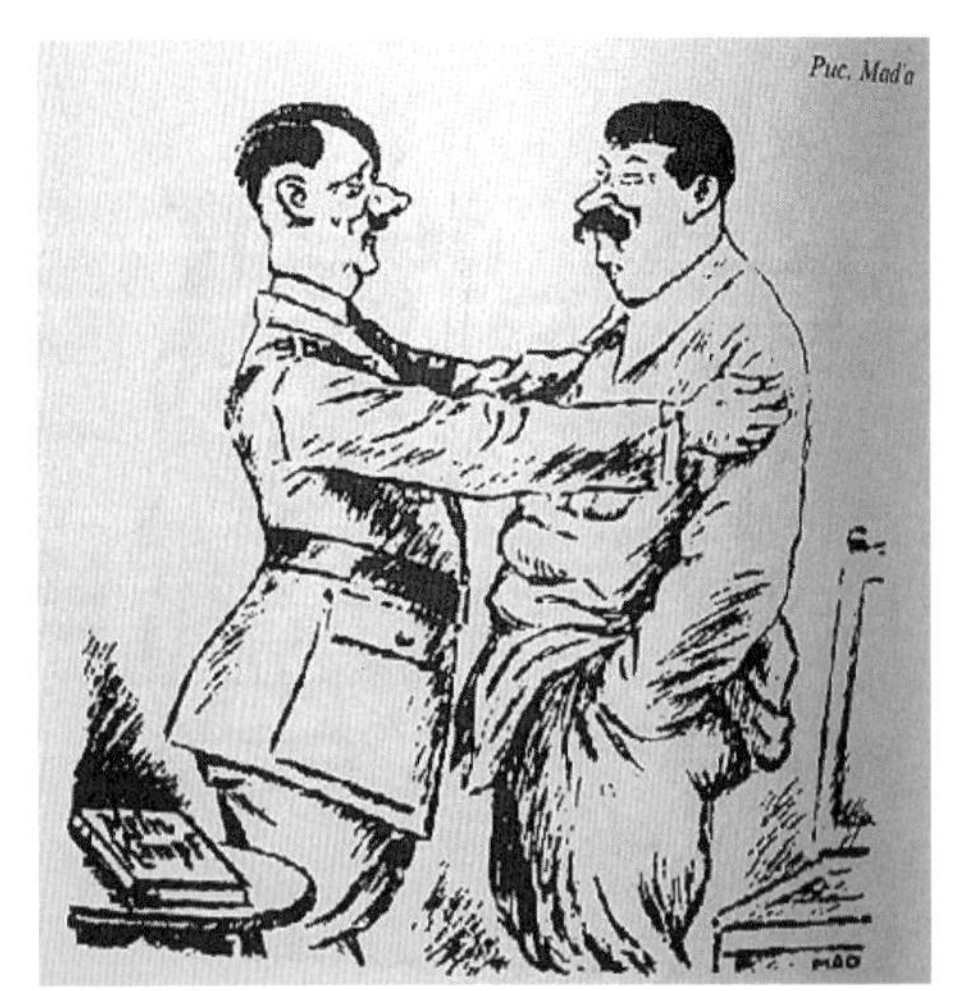

1930年代 アメリカまんが

個人主義
劇場案内人は自分のアイデンティティを放棄する必要はありません

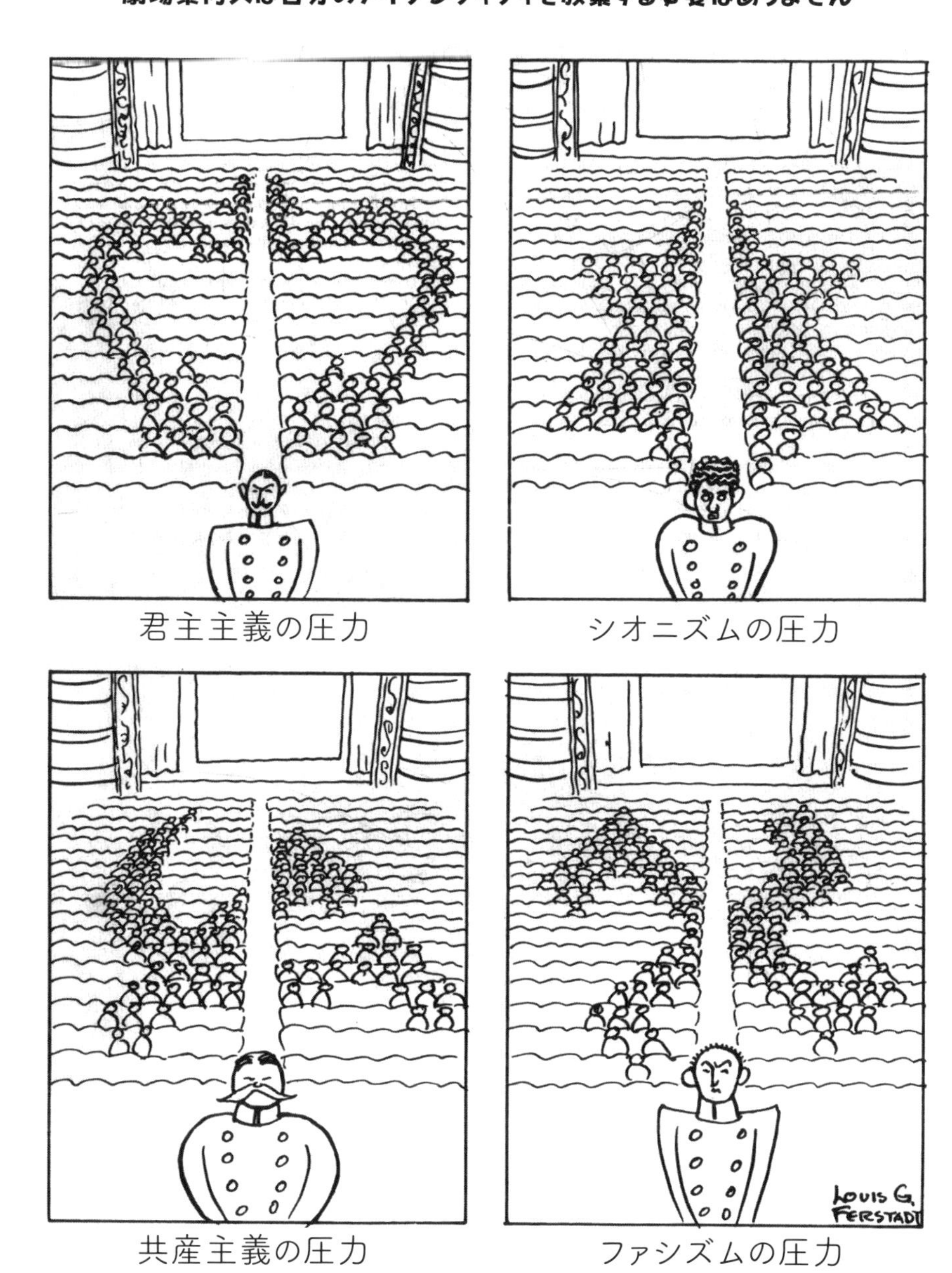

君主主義の圧力　シオニズムの圧力

共産主義の圧力　ファシズムの圧力

ファシズムの悲劇……ベニート・ムッソリーニ

ファシズム思想の創始者であり、ヒトラーの同盟者であり、国民に殺されたムッソリーニは現在、「報いを受けた暴君」的イメージで語られます。が、ムッソリーニが掲げた「ファシズム」には残酷の要素はなく、イタリアにはドイツやソ連のような強制収容所もありませんでした。

ムッソリーニのファシズムは、たんに「独裁」というだけなので、イメージ的にかなり損をしています。「独裁者」が優秀かつ人格者だった場合、余計な根回しやしがらみなしで民主主義より効率的な改革が行えますので、ファシズムも悪いことばかりではありません。実際、ムッソリーニは徹底したマフィア弾圧で犯罪を激減させるなど、それまでの国王が手をこまねいていた難しい課題で確実な成果を挙げており、独裁者だからこその治安回復も行いました。

そのようなことから第二次世界大戦前は、急進派でなくともファシズムを支持する人々は知識人も含め大勢いました。生活の苦しい貧困な労働者を支持基盤としながらも、高い教育を受けた富裕層の期待も集めていたのです。しかし、独裁者がいつも優秀かつ人格者であるとは限らず、逆である場合も珍しくなく、英雄だったはずが途中から堕落・腐敗してしまうことも多々あり、悪い方向へ進んだ時、止める手だてが何一つなくなってしまう……というのが、世界が歴史に学んだ教訓です。

ヒトラーが風刺画界のキング・オブ・キングスで、続くキングはムッソリーニとスターリンです。ただ、ヒトラー、ムッソリーニ、スターリンの三者は、はじめは反対派からユーモアを絡めつつも「恐怖の対象」として描かれていたのですが、戦争のたびにイタリアがさらけ出す軍隊の軟弱さゆえ、いつの間にかムッソリーニのみ脱落し、「笑いの対象」へと変化を遂げます。風刺画家たちは面白い作品アイディアに行き詰まると、「困った時のムッソリーニ」とばかりにイタリア敗北ネタを描きまくりました。しかし、現実に裏打ちされているだけに、何度繰り返されても愉快に読めてしまうのが、ヒトラーと別の意味でのファシズムの悲劇でした。

作者不詳〈英〉

一九三九年。

キャプション

「彼の主人の声」

◉蓄音機で主人ヒトラーの指示を受ける飼い犬ムッソリーニ。軍事力の差からムッソリーニはヒトラーの子分と化しています。

米音響メーカー「ビクター」の商標（左下・亡き主人の声を聞く忠犬のイメージ）のパロディです。枠が綱で縛ってあるのは、イタリア・ファシスタ党の党旗や党章（右下）のデザイン（結束を意味する）を模しています。

共産主義の悪夢……ヨシフ・スターリン

ヒトラーはミュンヒェン一揆後、刑務所入りして名を上げましたが、スターリンもロシア革命（一九一七年）前、七度も捕まってシベリアへ送られています。しかし、スターリンの場合は、革命に参加したもののさほどの活躍はできませんでした。

現在の一般的認識とは著しく異なり、実はレーニンでさえ「唯一無二の指導者」ではありません。革命指導者は「レーニン&トロツキー」です。革命期（一九一七～二一年）に描かれたトロツキー画はレーニン画より多く、二人セットで描かれる時にさえ、レーニンをさしおいて、トロツキーが中央に配置されたりすることが全然珍しくなかったのです。ナンバー2がナンバー1を超えるなど、ただごとではありません。ゲーリングやゲッベルスやヒムラーは、決してヒトラーを超えないのです。今、常識とされているロシア革命史は、後から書き換えられたということです。

レーニンが一九二四年に病死すると、大指導者トロツキーはわずかたったの一年でモスクワから排除され、それまで存在感のなかったスターリンが最高権力者におさまりました。なぜ、そんな異常が実現したのか？ そしてなぜ、スターリンの創った偽の革命史が、スターリンの正体がバレた現代にまでまかり通っているのか？ スターリンの悪魔のような陰謀については、拙著『風刺画とアネクドートが描いたロシア革命』でどうぞ。風刺画家たちの残したリアルタイムの証拠で、壮絶なソ連史をご確認下さい。

二千万人を殺したと言われるスターリンの圧政は、レーニンの後継者になる資格がなかったスターリンが権力を保持し、その地位を不動のものとするために、並み居るライバルたちに濡れ衣を着せて全滅させた共産主義の悪夢です。共産主義者を殺した数で、ヒトラーはスターリンの足元にも及びません。共産党員粛清の余波で、普通の国民もあらゆる理由で命を失いました。世界に共産主義国が誕生した初めの段階で、信念と能力のある共産主義者が皆殺しにされてしまったために、共産主義は「人類の平等」どころか、「国家権力に守られた特権階級と、貧しく無力なその他大勢」という、資本主義以上の二極化を生み出し、固定させる結果となりました。

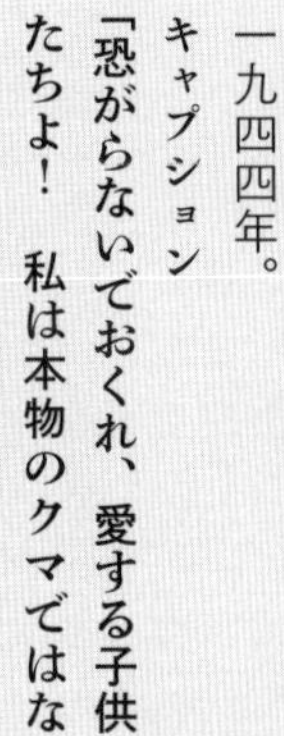

オスカー・ガーヴェンス〈独〉

一九四四年。

キャプション

「恐がらないでおくれ、愛する子供たちよ！ 私は本物のクマではなく、スターリンなのだから」

◉白骨の転がる穴から、クマのぬいぐるみを着て出てきたスターリン。本物のクマと出くわす方が生存率は高そうですが……。

「スターリンの大粛清」と言われるものは、一九三四年に始まり、一九三七〜三八年に嵐となってソ連とソ連邦地域を襲います。これ以外の期間でも、ソ連では理不尽な逮捕、処刑が当たり前でした。

しかし、ソ連国民は恐怖政治の根本の原因を知らず、プロパガンダで教え込まれた「人民の父・スターリン」を信じ、個人崇拝が行われました。

再軍備宣言

子供が地球儀を見て勉強している。
先生「これがアメリカです」
子供「わあ、大きい。ソ連はどこですか？」
先生「これです。」
子供「わあ、大きい。イギリスはどこですか？」
先生「これです。さらに、これらの国々もイギリス連邦です」
子供「わあ、たくさんある。大ドイツ帝国はどこですか？」
先生「これです」
先生がポツンとした小さな国を指さした。
子供は驚いた。
子供「これですか？……先生、総統は地球儀を見たことがないのでしょうか？」

第一次世界大戦前のドイツはヨーロッパ最大の軍事大国でした。ノーベル化学賞受賞者の半数を輩出し、溢れんばかりの特許数を誇っていた「知の国ドイツ」は、軍事技術も当然、比例するレベルにあったのです。ところが、「戦闘で勝ち、戦況で負けた」ことで、地理的条件の不利が痛感されました。軍事がいかに優れていても、西にイギリス、フランス、東にロシアと列強に取り囲まれ、その三国すべてが敵となり、さらにアメリカまで連合国についたとなると、さすがに勝負になりません。先が見えたので降伏するしかなかったものの、軍事、文化ともに高いレベルにあるドイツが、ヨーロッパのど真ん中で虐げられている図というのは、やはり、どう見ても不自然です。

「私がやらなくても誰かがやっていた」

結果は敗戦だったものの、「一対一なら負けはしなかった」というプライドは、普通の国民の胸の内にくすぶり続けました。まして、ヒトラーの中では烈火の如くです。ヒトラーは政治活動を始めた初期から、「反ヴェルサイユ条約」を掲げて演説し支持を集めていましたが、この人気は当然でした。

ドイツ再興と領土拡張は、ヒトラーにとっては完全に同じものです。「国力は領土の大きさに比例する」と『わが闘争』で述べるヒトラーの考えは、ドイツの地理と歴史を考えれば妄想とは言えません。今日では日本やシンガポール、台湾などの小さな国が、守備範囲の狭さゆえにむしろ豊かさを誇っていますが、帝国主義に代わる発展モデルが見つからなかったこの時代には、そのような成功例はまだ想像できませんでした。

ヒトラーにとって、「大ドイツ帝国を創るか、敗戦国として埋没し全然存在できないかだ」という二者択一の主張は、国民をあおるための方便だけでなく真実でもあったのです。

政権獲得から二年後の一九三五年一月、ナチス・ドイツの領土拡張・第一弾が成されます。もとはドイツ領ながら、ヴェルサイユ条約で国際連盟の管理地域となっていたザール地方を取り戻したのです。はじめから条約で、この年に「住民投票により帰属を決定」することが決められてはいました。しかし、通貨にフランスのフランが使用されるなど、あの手この手で進められていた親仏化をものともせず、九〇％以上の得票を得て圧勝したのです。住民の九〇％がドイツ人なので当たり前とも言えますが、ヒトラーは「大ドイツ帝国」建設への自信を深めました。

この勢いで三月、ついに「再軍備宣言」が成されます。徴兵制を復活させ、自国を守れるまともな軍隊を持つというドイツの悲願を謳いあげたのです。

ヴェルサイユ条約を一方的に破棄したこの宣言は、国民の熱狂を持って迎え入れられ、逆に外国はいっせいに反発しました。外国漫画家たちもすぐさま「ナチスの侵略」を先取りした絵を描きます。風刺画家たちはこの軍備は防衛ではなく侵略に使われるだろうと読んでいたのです。しかし、各国政府は非難はしたものの、具体的な制裁は何も加えませんでした。

一年後、ヒトラーはドイツ領土でありながらフランス国境に近いという理由で、「非武装地帯」に指定されていたラインラントへ、増強中の軍隊を進駐させます。この地へのドイツ軍の進駐は「連合国に対する敵対的行為」であると、強い調子で禁止されていたのを無視して行ったのです。

とはいえ、表立った再軍備を始めたばかりのドイツ軍は、本当はまだ満足に戦えるような状態になっておらず、ヒトラーも一か八かで小規模な部隊を入れてみただけでした。もし、フランスが軍事介入してきたら「尻尾をまいて逃げ出す」つもりだったと、ヒトラー自身が後に述懐しています。「尻尾をまいて逃げ出し」たり、攻撃されてドイツに大きな被害が出たりした場合、政権崩壊に繋がったかもしれません。

ですが、大規模な軍だと勘違いしたフランスは躊躇し、報復に攻め入ってきませんでした。これによりドイツ軍はラインラントを占領し、この地の実質的な支配権を取り戻すことに成功したわけです。

ヒトラーは人生を賭けた博打に勝ち、対して戦略上の重要地をタダで明け渡したフランスは、ドイツ復活の恐怖にひたひたと苛まれるようになります。

シドニー・ストゥルーベ〈英〉

一九三五年。

キャプション
「囲いに戻る」

◉ザール人民投票。

投票の結果、九〇%以上の賛成を持って、ザール地方がドイツ領に復帰しました。

「住民投票」の羊飼いに追われて、「ザール」「ザール」となきながら戻ってきた羊たちに、ヒトラーがハーケンクロイツの焼き印を押しています。

しかし、「ダビデの星（ユダヤ人）」「鎌とハンマー（ドイツ共産党員）」「赤（社会主義者）」と、違う焼き印を押された羊たちもいて、それらは別の柵に選り分けられています。

ヒトラー政権誕生後、多くのユダヤ人、共産党員、社会民主党員が、国連管理地域となっていたザール地方に逃げ込んでいました。

「九〇%」と書かれた新聞を満足げに読むゲッベルス。

デビッド・ロウ〈英〉

一九三五年。

『イブニング・スタンダード』誌

キャプション

「ナチス旗工場　『鉤十字』ブランド」

「ドイツは原材料を輸入しなければならない！　そうだ！　しかし、またドイツは輸出製造業者でなければならない！」

◉「輸出用」と書かれた荷札のついた、大量のハーケンクロイツの前で演説するヒトラー。原材料を輸入してハーケンクロイツに加工し、他国へ輸出（侵略）することがヒトラー流の貿易のようです。

ヒトラーと対峙しているのは英外相サミュエル・ホーア。ホーアはイタリアのエチオピア侵略に弱腰な態度をとって、イギリス国民の不興を買い辞任させられた人です。

エドゥアルト・テニィ〈独〉

一九三五年。

キャプション

「ドイツ国防軍の日」

「誰も栄光を得られず不幸せであるなら、その国は無価値だ」

◉ヴェルサイユ条約で奪われた国土を、強い軍隊の力によって（まだ威嚇だけで武力行使していませんが）取り戻してゆくナチス・ドイツ。取り戻した土地に住んでいたドイツ人たちは、やってきたドイツ国防軍を熱狂して迎えます。

再軍備宣言を祝う作品。

世界的名作「ゲルニカ」を鑑賞したナチス党員がピカソに尋ねた。
ナチス「これはあなたのお仕事ですか？」
ピカソ「いいえ。あなた方のお仕事です」

ラインラント進駐に、その後も英仏などの戦勝国が制裁を加えなかったのは、ひとえに「もう、戦争はしたくない」からです。ドイツを虐げていることは戦勝国側も自覚していましたから、そこそこ権利を認めてやれば満足するだろうと甘く考えたのでしょう。まさか、あれほどの短期間に再度、最新鋭の軍隊を創り上げるなど誰も想像できませんから、普通の対応かと思います。ソ連の影響で共産化の余波が広がらないよう、ドイツに食い止めさせるという狙いもありました。この判断は将来、大変な後悔を生むことになってしまうのですが。

再軍備が進み、新兵器の威力を試してみたいと思っていたところへ「スペイン内戦」が勃発しました。

第一次世界大戦に参加していないものの、他国と一緒に深刻なインフレに引きずりこまれてしまったスペインは、議会制民主主義者は少なく、右翼と左翼が半々で、しかもたっぷりいるという不安定な状態でした。つまり、ヒトラー政権誕生前のドイツと似ているのです。一九三六年の選挙では、過半数をとって反ファシスト勢力である「人民戦線（政府サイド）」が勝ちますが、これは議会制民主主義者、共産主義者、アナーキスト（無政府主義者）、トロツキスト（トロツキー主義者）までもが全部含まれる、ムチャクチャに近い寄せ集め政権でした。「反ファシスト」以外に共通項がないので、勝ったもののまともな政権運営ができず、デモ、スト、テロ、暴動を頻発させる大混乱を招きます。

これを見て、ファシズム政権を目指すフランシスコ・フランコ将軍がクーデターを決行。独伊に支援を求めると、すぐさま武器が到着します。ただし、ヒトラーは全力の支援はせず、多くはムッソリーニに任せました。ドイツは「軍事大国」に見せかけているものの、実際はまだ、全面戦争に耐えられるほどの軍備が整っていないので、武器や戦術を試しながら時間稼ぎをしたいのです。

一方、「人民戦線」は英仏ソに支援を求めました。フランスは初めこそ応じますが、イギリスが動かないのを見るとフェードアウトしてしまいます。また、当時、「大粛清」真っ最中で自国民の人殺しに忙しかったスターリンも、本当は他国のために何もしたくありません。が、世界の社会主義者たちが盟主・ソ連に期待を寄せている手前、見て見ぬふりをするわけにもいかなくなり、各国社会主義者の義勇兵を募って人民戦線を援助しました。よって、スペイン内戦は、民主主義国はほぼ干渉しないファシズム対共産主義の代理戦争となります。

結末として一九三九年、多数の軍需物資を獲得したフランコが勝利し、ファシズム政権が誕生しました。来るべき第二次世界大戦に向けて、スペインを仲間にしておきたかったヒトラーは大満足です。武器がまるで足りなかった人民戦線の方は、前線守備の兵士に空砲を支給する悲惨さでした。「弾丸は出ないけれど、音だけでも鳴れば多少は安心」ということだったようです。

スペイン内戦では、戦車や戦闘機の本格使用がなされ、兵士ではない隣人同士の殺し合いも日常的に起こり、この時点では「歴史上、最も残虐な戦争」と言われました。内戦中、ドイツがゲルニカの町に対して行った爆撃は、空爆による民間人への無差別攻撃の先例となっています。

総統官邸のヒトラー執務室の壁に「ゲルニカ」のコピーが掛けてあった。
それを見たヒムラーがゲーリングに尋ねた。
ヒムラー「総統は何故、あんなものを吊るしているんだ?」
ゲーリング「あれを描いた奴を、お前が吊るし損ねたからだろう」

しかし、内戦終結後は世渡り上手なフランコの元、「二度と戦争をしたくない」との決意を国民が固め、枢軸国として参加すればもっとひどい目にあったであろう第二次世界大戦で、中立を保つことができました。

ドイツはこれから始める戦争への腕試しができ、ソ連は支援と引き換えにスペイン政府より莫大な金塊を得ましたが（ほぼ強奪）、年間軍事予算に匹敵する戦費を使い、熱狂的にフランコを支援したイタリアは特に得るものがありませんでした。ムッソリーニの気合に反してイタリア軍の士気が低く、たいした成果が上がらないのはいつものことです。しかし、今回は勝っているのでマシな方ではあります。

なお、このスペイン内戦中に「ベルリン・オリンピック」が開かれています。スペインとソ連は当然、参加せず、また、ユダヤ人迫害を懸念する米英でも、ドイツでの開催は「平和の祭典」にふさわしくないと、ボイコットの気運がありました。が、ヒトラーが一時的に迫害を控えたので、米英含め数多くの国が参加し、ドイツの復興を印象づける豪華な祭典は大成功に終わりました。

パブロ・ピカソ〈仏〉

一九三七年。

●ピカソはスペイン人ですが、「ゲルニカ」は「パリ万国博覧会」で発表されました。

バーナード・パートリッジ〈英〉

一九三六年。

キャプション

「時差作動」

「私はこれを放り投げずに、この姿勢をどれだけ長く維持できるのだろうか？」

◉ヒトラーが「イギリスへの返答」と書かれた円盤を持ったまま、静止の姿勢を保っています。

　ユダヤ人迫害への抗議のため民主主義国がボイコットの動きを見せたので、ヒトラーは一時的に差別発言を封印します。ユダヤ人選手の出場も認め、ドイツの町からも差別的な看板等が消えました。そのため、前年十二月、ギリギリのタイミングでアメリカが参加を表明し、イギリスも続いて参加を決めます。しかし、オリンピックが終わるとユダヤ人迫害は再開されました。

E・H・シェパード〈英〉

一九三七年。

キャプション

「フランコ複合航空機」

上部構成要素（フランコ）「リフトしてくれてありがとう。でも、あなたも同意してくれるでしょうが、今、私はあなたの支援なしで飛んでいると思う」

●小さなフランコ機が大きなムッソリーニ機を吊り下げて飛んでいます。どう見ても、下部構成要素はない方が飛行がスムーズです。

支援してもらうどころか、負担になっているイタリアに苦悩するフランコ。

前ページはパートリッジ作でこのページはシェパード作です。どちらもイギリス風刺雑誌『パンチ』の作家ですが、『パンチ』の作家は絵が似ている人が多いのです。

枢軸三国が世界新秩序について話し合っている。
ドイツ代表「世界の西半分は断固として、わが国がいただく」
日本代表「世界の東半分は当然、わが国がいただく」
イタリア代表「世界中の女は絶対に、わが国がいただく。男は好きに分けてくれ」

ドイツは過激な人種政策をとる一方で、日本と同盟を結んでいます。ヒトラーの主張は①最高人種（アーリア人）②二級人種（黒人、アラブ人、スラブ人、黄色人種）③劣等人種（ユダヤ人）です。

ドイツ人と日本人は「気質が似ている」と評されることが多く、実際、どちらも生真面目でコツコツ働き、羽目を外すことが少なく、学習することが好きです。最大の違いは自己犠牲の精神でしょうか。日本人には「天皇、万歳！」と言って玉砕した人が多くいましたが、「ハイル、ヒトラー！」と叫んで自爆したドイツ人の話は聞いたことがありません。

「お国のために命を捧げる」日本人気質は、ヒトラーの思想とピタリ嚙み合っており、このあたり日本が羨ましかったようです。「単一民族で純化された理想の国家システム」との高い評価もしていました。戦争末期には特攻隊を見本として、ドイツにも自己犠牲による「エルベ特攻隊」を創っています。（上手くいかず途中で解散しました）。

が、気質だの精神だの行動だのは、「血筋」に比べればクソの役にも立たないのがナチス流。二級人種と同盟するのはマズいので、日本の血統を格上げせねばなりません。そこで、アーリア人の起源を研究していたオカルト信者のヒムラーが、「日本人も実はアーリア人である証拠」を探し出すことになりました。ヒムラーはチベットの果てまで部下を送りこみ任務達成に励みますが、それでも証拠は見つかりません。仕方がないのでヒムラーは根拠もなく部下に、「日本人もアーリア人であり、太古の昔にドイツ人と日本人は同族でした」という結論のみを出させるのですが、無理がありすぎて広まりませんでした。

この時、活躍？したのがヒムラー直轄「アーネンエルベ（ドイツ古代遺産協会）」、実態は「不思議クラブ」です。任務はゲルマン民族に関する、存在を知られていないあらゆる資料の収集と研究。「魔術」「宇宙氷説」「地下王国シャンバラ」「ロンギヌスの聖槍」などなど、途方もない研究を大真面目にいろいろやりました。ちなみに「アーリア人」は言語的な分け方で、「ゲルマン民族」は地域的な分け方なのですが、ナチスでは同義語として使っています。

ナチスの中でも残虐性の際立つヒムラーですが、これらの不気味なファンタジーに邁進した親衛隊指導者こそがナチスの神秘性を高め、映画界、小説界に重宝される「恐怖」と「幻想」を兼ね備えた特殊な国家イメージを創り上げました。

同族論は失敗したものの、「二級人種」の国・日本は最後まで「最高人種」の国・ドイツに裏切られることはなく、枢軸国の大黒柱の一本として、期待、信頼されました。


戦後、ドイツ人、イタリア人、日本人が一緒に食事をした。

イタリア人が席を外した際にドイツ人がささやいた。

ドイツ人「今度はイタリア抜きでやろうせ。あいつら、弱すぎる」

うなずく日本人。

ドイツ人が席を外した際にイタリア人がささやいた。

イタリア人「今度はドイツ抜きでやろうぜ。あいつら、嫌われすぎる」

目からウロコの日本人。

作者不詳〈日〉

◉枢軸美人。

着物の柄に日の丸、菊、満州国旗、ハーケンクロイツ、イタリア国旗。帯にカブト。扇に日の丸。かんざしに日の丸と旭日旗。

これは絵ですが、戦前の日本では、戦車や戦闘機の描かれた勇ましい婦人着物の実物もありました。

アメリカ・ポスター

キャプション
「歯止めのないこの怪物を止めろ……限界まで生産せよ！　これはあなたの戦争なのだ！」

●戦争のための生産を呼びかけるプロパガンダ・ポスター。
双頭（ヒトラーと東条英機）の怪物が右手に血まみれのナイフを持ち、左手で自由の女神を握りつぶしています。血を滴らせる怪物に対抗するのは、「生産」と書かれたスパナを持つ米国民の手。

国民の勤労意欲こそがこの怪物を倒すのだと、分かりやすく表示しています。

侵略の始まり

偉大なドイツの詩人フリードリヒ・シラーは
イギリス人のために「メリー・スチュアート」を書き、
オランダ人のために「オランダ独立史」を書き、
スペイン人のために「ドン・カルロス」を書き、
フランス人のために「オルレアンの処女」を書き、
スイス人のために「ヴィルヘルム・テル」を書き、
ギリシャ人のために「ギリシャの神々」を書き、
ドイツ人のために「群盗」を書いた。

実戦で兵器の威力を確信し、戦術の研究も進めたナチスは、「大ドイツ帝国」建設へ向けていよいよ加速度的に動き出しました。

一九三八年三月、ヒトラーはオーストリアを併合します。オーストリアにはドイツ人もたくさん住んでおり、第一次世界大戦の同盟国として仲間意識もあり、もともと「大ドイツ主義」によって両国ともに一緒になりたいと願っていたので、むしろ、侵攻してきたドイツ軍を歓喜で迎えた市民も目立ちました。生まれ故郷へ凱旋したヒトラーは、オーストリア人の拍手喝采を受けて感激に涙を浮かべていたそうです。

両国ともに合併（実態はドイツによる併合）を望みながら、これまで実現されなかったのは、ヴェルサイユ条約や連合国とオーストリアの間で結ばれたサン・ジェルマン条約により禁止されていたからで、禁止の意図はドイツ強国化への懸念です。敗戦国ドイツの領土を奪い、重い賠償金を課して痛めつけても、その一方で合併を許して拡張させていたのでは何にもなりません。しかし、英仏は戦争勃発を恐れ、条約違反を大目に見て宥和政策をとりました。ここでも英仏不干渉の読みが当たり、ヒトラーはほくそ笑みます。

Q：史上、最もずる賢い国はどこか？

A：オーストリアである。

「ヒトラーはドイツ人」と世界中に信じ込ませ、戦後は被害者のフリをしている。

次にヒトラーはチェコスロバキアのズデーテン地方を狙います。チェコスロバキアは第一次世界大戦後に誕生した国家で、それ以前はオーストリア領でした。

大戦時、この地域に住んでいたチェコ人とスロバキア人が、ロシア側の捕虜となった後、民族軍団を構成して独墺軍に対決して戦ったので、敗戦国オーストリアから独立することを認められたのです。そして、そのチェコスロバキアの中でドイツ系住民が大半を占めるのが、ドイツに隣接するズデーテン地方でした。ズデーテンはドイツ系住民の行政に対する不満が非常に強く、チェコ政府対ドイツ人でいつも争っている地域です。ヒトラーは「民族自決」を大義名分に、武力侵攻をチラつかせ英仏に圧力を加えました。

そこで、ムッソリーニが仲介役となり、九月、ズデーテン地方をドイツが占領することの是非を話し合う「ミュンヒェン会談」が開かれたのですが、集まったのはムッソリーニ（伊）、ヒトラー（独）、チェ

作者不詳〈仏〉

推定一九三八年。

◉チェコスロバキアのベネシュ大統領がヒトラーに食べられています。

ンバレン（英）、ダラディエ（仏）。

……なんと、チェコスロバキアの代表はメンバーに入っていません。四国が話し合っている間、別室で待機させられ、結果報告を受けただけです。そして、当国抜きでヨーロッパの強国のみで利害調整した結果、「ズデーテン地方はドイツに譲る」と決定されました。

独伊の独裁国家に対し英仏がとったこの宥和政策は、当時は「戦争回避の大手柄」とされました。特に会談成功に全力を尽くしたチェンバレンは英雄となり、得意満面で帰国しています。しかし今日、「ミュンヒェン会談」はヒトラーを増長させる契機となった腰抜け外交として、「世界史の恥」の評価を受け、たいそう情けないチェンバレン・ジョークが語られることとなりました。

ミュンヒェン会談で、
チェコスロバキアのズデーテン地方を手に入れたご機嫌のヒトラー。

会談後、イギリス・チェンバレン首相に話しかけた。

ヒトラー「チェンバレン殿、我々の友情の証に、あなたが愛用している傘を頂きたいのだが」

チェンバレン「嫌です。あげません。」

取りつく島もない返事にヒトラーは腹を立てた。

ヒトラー「私は断固、要求する！」

チェンバレン「……困りますね。この傘はチェコと違って私の物なのですよ。」

（傘は当時の紳士のたしなみでチェンバレンのトレードマークでした）


この時、「会談で誰が勝つか？」というクイズがイギリスで流行りました。答えは彼らの名前の中にあります。

MUSSOLINI
HITLER
CHAMBERLAIN
DALADIER
WHICH
WINS?

そうです。会談に呼ばれなかった姿のない人物＝「第三の男」スターリンです。クイズは後に事実となります。第二次世界大戦が終わった時、戦勝国で国家指導者の座に君臨していたのはスターリンでした。

フランスと「仏ソ相互援助条約」、チェコスロバキアと「ソ連・チェコスロバキア相互援助条約」を結んでいた大国・ソ連が会談から外されたのは、仲介人がムッソリーニだったからでしょう。しかし、フランスもあえてソ連を入れようとはしなかったわけで、結局、この時、英仏もヒトラーの機嫌をとるため、スターリンを無視したのだと言えそうです。

「ミュンヒェン会談」で英仏の妥協ぶりに味を占めたヒトラーは、「これ以上の領土要求はしない」という約束を反故にし、翌年三月、武力でチェコ全土に進軍して併合します。また、便乗したポーランドやハンガリーも乗り込んできており、チェコスロバキアという国家は消滅しました。英仏は手ひどく裏切られメンツを潰されてしまったのです。同月、さらにドイツはヴェルサイユ条約で手放していた、リトアニアのメーメル地方も恫喝して奪い返します。

バーナード・パートリッジ〈英〉

一九三八年。

キャプション

「チェコずきんちゃん」

チェコずきん「おばあさんの歯はどうしてそんなに鋭いの？」

おばあさん「平和条約を締結するためさ」

◉おばあさんに扮したナチスの狼がチェコずきんを食べようと狙っています。

　チェコずきんの持つカゴには「利権」の文字。

作者不詳〈仏〉

推定一九三八年。

◉イギリス・チェンバレン首相の宥和外交。リボンの文字は「徴兵」。

　チェンバレンの傘の中から「徴兵」を免れた兵士たちが振り落ちてきました。戦争に行かずにすんだ兵士たちは嬉しそうですが、あまりの大盤振る舞いにヒトラーとムッソリーニすら困惑しています。

独ソ不可侵条約

ソ連を旅していたドイツ人旅行者が彼の知らない動物を見つけた。興味を引かれた旅行者はドイツの食糧庁に問い合わせの手紙を書いた。

問い合わせ「体表は主に白。黒い目玉。毛はモフモフしている。いつも口を動かしている。この動物は何でしょうか？　食べられますか？」

しばらくして食糧庁から回答が来た。

回答「それはヤギ、もしくはスターリンである。ヤギの場合、食べてもよいが乳をしぼる方がよい。スターリンの場合、食用ではないが食べるなら君を評価する。ただし、味は保証しない。乳も出ない」

ザール地方併合、ラインラント進駐、オーストリア併合、チェコ併合、メーメル地方（リトアニア）併合……。

ヴェルサイユ条約で奪われた領土を次から次へと奪い返してゆくヒトラーは、国民の超絶・圧倒的な支持を得るようになりました。政権獲得前には反対派が大勢いたにもかかわらず、独裁体制を敷いた後では抵抗運動もほとんどなく、喜々としてナチス支持に鞍替えする国民が続出したのは、まさにこのためなのです。いかに巧みな演説を行ったところで、成果が出ていなければ、やがて人心は離れてしまいます。

重々承知のヒトラーはこの後、ついに、世界制覇に向けて、脅しではなく武力そのものを使った領土拡張を始めます。これまでの経験から、英仏には闘う姿勢がないと判断したからです。そして、その準備としていきなり結んだのが「独ソ不可侵条約」でした。

第一次世界大戦でヨーロッパ列強であるイギリス、フランス、ロシア（ソ連）をすべて敵に回して敗北したドイツ。なので、他国に戦争を仕掛けるなら、少なくともこの三国のどれか一つとは協力関係を築いておかねばなりません。

ヒトラーが手を組みたかったのは、本当はイギリスです。『わが闘争』を書いた頃から一貫して、同盟するならイタリア、イギリス、駆逐するのはフランス、ソ連というのがヒトラーの考えです。ファシズム国家イタリアは言わずもがなの盟友。アジアやアラブやアフリカに多数の植民地を持つ海洋国家イギリスも、ヨーロッパに植民地を創ろうとする大陸国家ドイツと利益を争いません。

逆に、国境を一部、接するフランスはドイツの「権利」を侵害し、改めて振りかえるまでもなく、ヴェルサイユ条約で最も強硬な条件を押しつけてきたのがフランスでした。さらに最悪なのが、共産主義かつ「二級人種」スラブ民族の国・ソ連です。これはヒトラーにとって、この世から抹殺すべき、絶滅すべき、あるいは奴隷としてこき使うべき、忌まわしい敵なのです。もとはと言えば第一次世界大戦も、ゲルマン対スラブの対立が引き金となって始まった戦争でした。

しかし、イギリスはいくらアプローチしても、融和的姿勢はとるものの、ドイツと同盟を結ぶ気配がありません。そこで、一時的にもってのほかであるソ連をだまし、協力関係を築いておくことにしました。また、ソ連としても、ドイツのような軍事大国との戦争に突入する準備のない今、一時的でも何でもいいのでだまされたフリをして、目の前の利益と安全を確保しようと考えました。

結果、両者の思惑が一致して、一九三九年八月二十三日、世界を震撼させる「独ソ不可侵条約」が締結されます。「独ソ両国は相互にいかなる武力行使・侵略行為・攻撃も行なわない」ことを世界に発表、さらに「秘密議定書」も付加し、これから侵略する予定の中小国の取り分も、こっそり決めておきました。

これまで、さかんに罵り合ってきたファシズムと共産主義の両国は、爆弾を落としあった「スペイン内戦」終結から半年も経たずに手を組んだのです。しかも、ヒトラーにはドイツ共産党を壊滅させた過去があり、スターリンはスターリンで、ごく最近まで自分のライバルとなりそうなロシア共産党の幹部たちに、「ファシストと協力した裏切り者」の濡れ衣を着せて粛清していたのですが。互いにそこは不問にしました。

国民の反応はというと、ヒトラーに熱狂するドイツ人たちは総統のやることに間違いはないと信じ、スターリンの恐怖政治に委縮しているロシア人たちは、政府が何をしようが常に全力で拍手をします。独ソ不可侵条約は当事者である独ソ両国においてのみ誰も震撼せず、粛々と発表されました。

しかし、外国にとってはただ事ではありません。独伊と「三国防共協定」を結び、ドイツがソ連を攻めることを期待していた日本は予定が狂い、「欧州情勢は複雑怪奇」の言葉を残して平沼騏一郎内閣が退陣してしまいました。

同じく、度重なる宥和政策をとり軍拡を大目に見てきた英仏も、事態の急転に驚愕し、大慌てでポーランドと「相互援助条約」を結びます。独ソが手を組んだ以上、ドイツとソ連の間に位置し、さらに第一次世界大戦後に独ソ両国から独立した国であるポーランド（東側がロシア領、西側がドイツ領でした）が狙われることは、火を見るより明らかです。英仏はこれ以上、ヨーロッパ勢力図を変えたくはなかったのです。

ですが、こういった英仏の後手後手の対応でヒトラーの意志が変わるわけはありません。「援助条約」など履行されないであろうことは見抜いていました。独ソ不可侵条約から九日後、ドイツ軍は何のためらいもなくポーランドになだれ込みます。

風刺画に関して言えば、「ヒトラー＆スターリン」は世界中の作家たちの創作意欲を刺激し、結婚式バージョンや刃物を隠し持つバージョンなど、多大な数の作品が生み出されました。「独ソ不可侵条約」と「ポーランド侵攻」が続けざまに起こったので、この二つはほぼセットで描かれています。それらの作品が共通して述べたことは「この条約は長続きしないだろう」ということです。

クリフォード・ベリーマン〈米〉

一九三九年。

キャプション

「ハネムーンはどのくらい続くのでしょうか?」

◉多々ある結婚式バージョンの中で最も有名な作品がこちらです。ハネムーンの訪問地がポーランド。スターリンが新郎、ヒトラーが新婦のパターンもあります。

ベリーマンはクマのぬいぐるみ「テディ・ベア」の生みの親でもあります。

デビッド・ロウ〈英〉

一九三九年。

キャプション

「ランデブー（出会い）」

ヒトラー「貴殿は世界のクズであられますな」

スターリン「貴殿がどれほどたくさんの労働者を殺戮されたか、拝察申し上げます」

◉帽子をとって互いに礼儀正しく挨拶するヒトラーとスターリン。その間で倒れている（おそらく死んでいる）ポーランド人。

暗い背景は戦場を表すとともに、これからの世界を待ち受ける苦難の預言と受け取れます。

『イブニング・スタンダード』誌に発表されたロウのこの作品は、現在のイギリス歴史教科書に掲載されています。

第二次世界大戦

Q：「侵略」とは何か？
**A：愛国者がその愛のままに行う勇ましい行為。
一般的に外国では嫌われ、国内では歓迎され、ドイツでは毎度、
熱烈歓迎される。**

一九三九年九月一日。ヒトラーは「ポーランドがドイツ放送局を攻撃した」と誰も信じない事件を演出し、「防衛」を叫びながらポーランドに侵攻。これまで譲歩に譲歩を積み重ねてきた英仏も、ついに耐えられなくなりドイツとの「開戦」を宣言します。これをもって人類史上、最大の殺戮劇である第二次世界大戦が勃発しました。その後、続いてソ連も攻め込み、ポーランドは東西の凶暴な大国に、計画通り挟み撃ちにされたのです。

ポーランドは政府も司令官も外国へ避難し、国内には指導者もいないまま、残された軍と民間人が果敢に抵抗しました。しかし、戦力が違い過ぎて勝負になりません。独ソは戦車や航空機に乗っていますが、ポーランドの精鋭部隊は馬に乗っているのです……。英仏の宣戦布告も掛け声のみに終わり、首都ワルシャワはわずか四週間で陥落しました。

勢いに乗るヒトラーは一九四〇年四月、今度はデンマーク、ノルウェーに侵攻します。それでも英仏は動きませんでした。この状態は「奇妙な戦争」と呼ばれています。（陸戦はなかったものの、海戦ではイギリスがノルウェーを支援して闘いました）。英仏はヒトラーがそろそろ満足し、自ら戦争を終わらせてくれることを延々と願っていたのです。

しかし、終わらせるどころかドイツ軍は、続けて五月、オランダ、ベルギーへ侵攻し、そのまま本丸の一つ、フランスへもなだれ込みます。そして、なんと六週間で降伏させました。他の中小国と同じように大国フランス

までもがあっさりと敗れたのです。

これは兵器の質や量ではなく、兵器の性能を使いこなすため編み出された戦法の発明によるものです。第一次世界大戦の時にはバラバラに使用されていた戦車と航空機を、密接に組み合わせて敵陣を一点突破、パニックになったところで機械化された歩兵部隊が襲いかかるという「電撃戦」は、ドイツ軍の代名詞となりました。

フランスへの復讐を遂げ、ヴェルサイユ条約以来、二一年ぶりの憂さ晴らしをした国民が歓喜します。

ドイツの快進撃に目を見張ったイタリアと日本も、以前の三国防共協定で好き勝手されたことを水に流し、新たに日独伊三国軍事同盟を結びました。

しかし、ドイツは一つ、つまずきます。次に狙ったイギリスは海を挟んでいるため、短期決戦には不向きで、ロンドンを空襲されても持ちこたえ、落ちなかったのです。

ヒトラーは目先を変えてユーゴスラビア、ギリシャを占領。ヨーロッパの半分にハーケンクロイツがはためきます。その後、かねてからの計画通り、独ソ不可侵条約を一方的に破棄してソ連へ侵攻しました。不意を突かれたソ連は初めこそ大敗しますが、通常より早い冬の到来でドイツの計画が狂います。冬装備をしていなかったドイツ軍は兵士も兵器も凍りついて、モスクワ攻略どころではなくなりました。長期戦に持ちこんだなら、兵士の数も埋蔵資源も圧勝のソ連が有利です。しかも、日本が真珠湾攻撃を行い、アメリカまでが参戦しました。

第一次世界大戦時、英仏露（ソ）米に包囲網を敷かれ、孤立して敗れたドイツの悪夢の再現です。遠く離れた日本と、あまり頼りにならない中小枢軸国と、恩を売っておいたのに中立宣言したスペインと、実質足手まといのイタリアはあるものの、いつの間にかドイツ対全世界の構図になっていました。線戦は押し戻され、奪った領土は次々に奪い返され、東からソ連が、西から英米がドイツ国内に侵攻してきました。

ですが、敗北直前の一九四五年四月十二日、アメリカ大統領ルーズベルトが脳卒中で急死というニュースが入ると、ヒトラーとゲッベルスは手を取り合って大喜びします。

一八世紀、世界規模で行われた「七年戦争」において、ドイツの前身プロイセン王国が国家壊滅の危機にあった時、ロシア女帝エリザヴェータが急死し、その死をきっかけに形勢逆転した「ブランデンブルクの奇跡」の再現を思い描いたのです。女帝の後を継いだロシア皇帝が、ドイツ皇帝の崇拝者だったからなのですが、しかし今回、奇跡は起こりませんでした。ルーズベルトの後継となった新大統領トルーマンはヒトラーを崇拝しておらず、ささいな変化も見られず、ドイツ攻撃は激しさを増して続行されただけです。

ヒトラーは総統官邸の中庭に造った小さな総統地下壕から出られないまま、とうとうベルリン市内にまでソ連軍が踏み込んできました。ゲーリングの忠誠を疑い、ヒムラーの裏切りに遭い、ムッソリーニが処刑されたことを知り、軍も政府も機能せず、もはや何一つ打つ手のなくなったヒトラーは、役に立たなかった将軍たちと「この戦争を引き起こした者たち」を呪いながら、最後まで自分に従った者たちには感謝を告げて、自ら命を絶ちました。隣ではその前日に妻となったエバが息絶えていました。

「この戦争を引き起こした者たち」とはユダヤ人のことです。

リトル・ナチスを率いた頃から、向かうところ敵なしだった黄金時代を経て、すべてを失った死の間際まで、状況が激変してもヒトラー自身は何一つ変わりませんでした。ユダヤ人を憎み、ドイツ帝国の覇権を善とし、自分こそがその帝国の比類なき指導者なのだと最後まで信じていました。

際立つ文明を誇った恐怖の国家、ナチス・ドイツは総統ヒトラーの自殺をもって、この世から消滅します。

ヒトラーが夢見た千年帝国は、有形無形のあらゆるものを奪い破壊し殺戮して、わずか一二年の戦慄の歴史を人類の記憶に刻みました。

チャールズ・サイクス〈米〉

一九四一年。

キャプション

「七二五回目の失敗」

◉ヒトラーが「まだ勝利していない」という楽譜を見ながら、チューバを吹いています。「彼自身」の文字が書かれたチューバから、包帯を巻いた傷だらけのムッソリーニが、ギシギシきしみながら出てきます。ムッソリーニの持つ太鼓には「イタリアの戦争記録」の文字。

戦闘の成果をまったく上げられないムッソリーニに、ヒトラーが催促している絵です。さすがに七二五回も失敗していないと思いますが、サイクスは誇張して描いています。

オスカー・ガーヴェンス〈独〉

一九四二年。

キャプション

「ウェイター！　私の注文品はどこにあるのですか？」

「はっ、ただいま！」

◉スターリンがチャーチルに注文しているのは「第二戦線」です。独ソ開戦以降、最も激しくドイツと戦う国はソ連となりますが、ソ連の負担を緩和するためスターリンが英米に要望した「第二戦線（フランスでの独VS英米戦）」はいつまで経っても開かれず、延々と引き延ばされ続けました。

イギリスが自国の被害拡大を避けようとしていたからで、これが後、ソ連の英米不信につながり冷戦が起こったとも言われています。

「カフェ・アームストロング」はアームストロング砲を指しています。一九世紀、イギリスが誇る新兵器として鳴り物入りで登場しましたが、不発弾が多く期待外れに終わりました。（それでも南北戦争時のアメリカや幕末の日本が輸入して使いました）。

ハラルト・ダムスレト〈独〉

一九四四年。

キャプション

「文化-テロ」

「アメリカ合衆国はヨーロッパを破滅の運命から救いたいと欲している。だが一体どんな権利があって?」

◉ドイツ公式ポスター。米爆撃機B24（愛称リベレーター。「解放者」の意味）を擬人化したもの。

頭脳が白人至上主義団体KKK（クー・クラックス・クラン）、右肩に「ミス・アメリカ」のタスキをかけてラッパを吹くアメリカ先住民女性、左肩に「ミス・勝利」のタスキをかけて星条旗を振る白人女性。右手にレコードと首吊り用の縄、左手にお金とそれにしがみつくユダヤ人。もう一つの右手に囚人服とライフルと手錠、もう一つの左手には太鼓のバチの代わりに手榴弾。上半身に檻の中の黒人奴隷。下半身に宣伝用の太鼓、その下にユダヤ人の象徴「ダビデの星」の旗。足がミサイルと毒ガス。太腿に「世界一、美しい」と書かれたリボン。

クソ真面目ポスター（左列）ばかりのドイツでは異色の一枚。諷刺と洒落と偏見を盛り込みつつ、ウィットに富んだ作品。

第二次世界大戦後 デンマークまんが
反共産主義の火は消えず

126　Erich Wilke, *Jugend*, Nr.15, 1931.04.07
127　Bernard Partridge, *Punch*, 1933.02.08
128　Walter Herzberg, *ULK*, Nr.16, 1930.04.17
135　John Heartfield (=Helmut Herzfeld), *Arbeiter-Illustrierte-Zeitung*, Nr.16, 1934.04.19
136　Olaf Gulbransson, *Simplicissimus*, Nr.21, 1931.08.24
138　Erich Wilke, *Jugend*, Nr.6, 1933.02.01
142　Willibald Krain, *Der Wahle Jacob*, Nr.19, 1930.09.13
144　毎日放送 TV ドラマ「仮面ライダー X」第 26 話「地獄の独裁者ヒトデヒットラー!!」の一場面 1974.08.10 放送
146　須山計一、『東京パック』、1933.08.01
147　William Henry Dyson, *Daily Herald*
151　Sidney 'George' Strube, *Daily Express*, 1934.07.03
152　Erich Wilke, *Jugend*, Nr.26, 1930.06.21
153　Jacobus Belsen, *Der wahre Jacob*, Nr.10, 1932.05.07
154-155　Arthur Szyk, *The New Order*, 1941
156-159　Кукрыниксы, ソ連公式ポスター、1942
160　M.Radler, *Der Simpl*, Nr.4, 1946.05
161　Lute Pease, 推定 1939~1940
164　Михаил Дризо, *Сатира и юмор русской эмиграции*, 1940
165　Louis Goodman Ferstadt, 推定 1930 年代
167　（上）*Birmingham Gazette*, 1939
（右下）ファシスタ党のシンボルマーク
（左下）ビクターの商標
169　Oskar Garvens, *Kladderadatsch*, Nr.12, 1944.03.19
173　Sidney 'George' Strube, *Daily Express*, 1935.01.16
174　David Low, *Evening Standard*, 1935.09.18
175　Eduard Thöny, *Simplicissimus*, Nr.25, 1935.0915
178　Pablo Picasso, 1937
179　Bernard Partridge, *Punch*, 1936.08.05
180　E. H. Shepard (=Ernest Howard Shepard), *Punch*, 1937.11.03
183　日本製カレンダー図案
日の丸　旭日旗　満州国旗　ハーケンクロイツ　イタリア国旗
184　アメリカ公式ポスター
186　推定フランスで作られた図案、推定 1938
189　Bernard Partridge, *Punch*, 1938.09.28
190　推定 *Le Rire*, 推定 1938
194　Clifford Kennedy Berryman, *The Washington Evening Star*, 1939.10.09
195　David Low, *The Evening Standard*, 1939.09.20
199　Charles Henry Sykes, *Evening Public Ledger (Philadelphia)*, 1941.02.03
200　Oskar Garvens, *Kladderadatsch*, Nr.10, 1942.03.08
201　ドイツ公式ポスター　4 枚（右は Harald Damsleth, 1944）
202　Herluf Bidstrup, 推定 *Land og Folk*

46　Bernard Partridge, *Punch*, 1943.01.06
47　Leslie Gilbert Illingworth, *Daily Mail*, 1943.03.15
52　Дмитрий Моор, ソ連公式ポスター、1943
53　（上）Leslie Gilbert Illingworth, *Daily Mail*, 1944.07.22
（下）イギリス製謀略ヒムラー切手
54　Кукрыниксы　ソ連公式ポスター　1943
56　（右）ドイツ製ヒトラー切手
（左）アメリカ製謀略ヒトラー切手
58　（上）毎日放送 TV ドラマ「仮面ラーダ―X」第 26 話「地獄の独裁者ヒトデヒットラー!!」の一場面 1974.08.10 放送
（下）ナチス幹部たちの写真
60　ヒトラーとシュペーアの写真、1939
63　映画「The Great Dictator」の一場面、1940
64　お針子、バッジ、豚の貯金箱
65　映画「Der Fuehrer's Face」ポスター、（制作）Walt Disney Productions, ポスター制作は 1942
66　Gregor, Rabinovitch, *Nebelspalter*, Nr.30, 1938.07.29
67　*Waak*, 1933.06.05
71　E. H. Shepard (=Ernest Howard Shepard), *Punch*, 1937.08.11
72　R. Chancel, *Match*, 1939.09.28
75　（右）コルマールの大聖堂の部分写真
（左）ルターシュタット・ヴィッテンベルクの教会の部分写真
77　Oskar Garvens, *Kladderadatsch*, Nr.7, 1942.02.15
78　推定フィンランド
81　オーストリア絵葉書、1919
84　Mjölnir(=Hans Schweitzer), ナチス公式ポスター、1943
85　Th. Th. Heine (=Thomas Theodor Heine), *Simplicissimus*, Nr.20, 1932.08.14
86　Arthur Szyk, *PM*, 1943.07.20
90　アメリカ公式ポスター、1943
91　Arthur Johnson, *Kladderadatsch*, Nr.9, 1934.02.25
92　Arthur Szyk, ASBESTOS LIMITED INC 宣伝ポスター、1943
93　Albert Funke Kuper, *De Notenkraker*, 1934.01.31
97　ドイツ伝単、1940.04
98　志村和男、『東京パック』、1933.09.01
103　Arthur Johnson, *Kladderadatsch*, Nr.36, 1933.09.03
104　Кукрыниксы, ソ連公式ポスターの図の部分、1941.08.13
105　Bernard Partridge, *Punch*, 1934.08.15
108　Paul Barbier, フランス絵葉書、推定 1930 年代
109　Arthur Krüger, *Der wahre Jacob*, Nr.914, 1921
114　Erich Wilke, *Jugend*, Nr.41, 1924.11.29
115　Erich Schilling, *Simplicissimus*, Nr.51, 1924.03.17
116　Oskar Theuer, *ULK*, Nr.49, 1923.12.14
117　Oskar Theuer, *ULK*, Nr.12, 1924.03.21
118　ナチス、ドイツ社会民主党、ドイツ共産党のシンボルマーク
124　Olaf Gulbransson, *Simplicissimus*, Nr.2, 1930.04.07
125　Karl Arnold, *Simplicissimus*, Nr.16, 1930.07.14

図版出典一覧

注・コマ割りマンガのタイトルやいくつかのキャプションは、内容が分かりやすいように大意を損ねない程度に意訳しているものもあります。

・Le Rire　は創刊号からの通算で番号がつけられています。

・Der wahre Jacob　は 1923 年までは創刊号からの通算、いったん改名の後、
1927 年 7 月 9 日に Der wahre Jacob の誌名に戻ってからは年ごとに番号がつけられています。

・P98-99.P146 は京都国際マンガミュージアムさまの所蔵資料です。

1　Jacobus Belsen, *Der wahre Jacob*, Nr.6, 1932.03.12
4-5　Arthur Szyk, 1942
6　（上段右）Briketts 社の商標「Michel」の屋外広告、20 世紀初頭
（上段左）イタリアのレッジョ・ディ・カラブリア市の像
（中段右）Ferdinand Victor Eugène Delacroix,「民衆を導く自由の女神」の一部、1830
（中段左）第一次世界大戦時のイギリス公式ポスター
（下段右）James Montgomery Flagg, 第一次世界大戦時のアメリカ公式ポスター
7　Erich Schilling, *Simplicissimus*, Nr.22, 1925.08.31
8　Arthur Johnson, *Kladderadatsch*, Nr.31, 1934.07.29
9　Arthur Szyk, *Collier's*, No.3, 1942.01.17
ただし、*Collier's* の表紙ではムッソリーニとペタン元帥は載っていない
10　（上）Josef Plank(=Seppla), *Die Brennessel*, 1933 頃
（下）Michael Califano, 絵葉書の図案、1934
11　（上）Arthur Johnson, *Kladderadatsch*, Nr.19, 1933.05.07
（下）Raffaello Santi, バチカン宮殿の壁画「アッティラと大教皇レオの会見」の一部、1514
12　George Grosz, 1944
13　Walter Molino, *Domenica Del Corriere*, N.33, 1961.08.13
14　河北秀也、東京営団地下鉄（東京メトロ）マナーポスター、1976.07
15　Willi Steinert, *Der wahre Jacob*, Nr.05, 1932.02.27
16　Th. Th. Heine (=Thomas Theodor Heine), *Simplicissimus*, Nr.33, 1932.11.13
17　*The Nation*, 1936.02
18　ナチス公式ポスター、1941.02.16～1941.02.22 の週間スローガン
22　Johann Heinrich Vogeler, 1934
23　Clifford Kennedy Berryman, *The Washington Evening Star*, 1939.08.20
24　Jacobus Belsen, *Der wahre Jacob*, Nr.4, 1931.02.14
25　Jay Norwood 'Ding' Darling, *The Des Moines Register*, 1940.04.23
29　BEN, *Le Rire*　N° 1054, 1939.10.06
30　Clifford Kennedy Berryman, *The Washington Evening Star*, 1942.04.28
31　Sidney 'George' Strube, 推定 *Daily Express*, 1933.10.11
32　ナチス公式絵葉書、1939
36　Charles Henry Sykes, *Evening Public Ledger (Philadelphia)*, 1941.05.16
37　Philip Spence& Robert Spence(= Dr. Schrecklichkeit),「*Struwwelhitler*」の中の一話、Daily Sketch 発行 1941
43　Karl Holtz, *Der wahre Jacob*, Nr.26, 1930.12.20
44　Otto Dix, 1933
45　Charles Henry Sykes, *Evening Public Ledger (Philadelphia)*, 1941.09.13

監修者解説——ヒトラーの国家とその前後の風刺画の消長をめぐって

芝 健介

一 本書が取り扱っているカリカチュアの時代範囲

本書で取り扱っているヒトラー関連の風刺画とジョークが成立した時期は、基本的にヴァイマル共和国時代の一九二〇年代はじめからナチ体制が終焉を迎える一九四五年までの約二五年間である。この四半世紀の間でも、ほぼ真ん中の世界史的出来事にあたるヒトラー政権掌握（一九三三年一月三十日）は、風刺画やジョークを現実にとりまく条件・環境をその前後で全く相異なるものにしたという意味において、一大画期をなしている。一九三三年のナチ体制成立後のドイツにおいては政治的カリカチュアは出版の自由、表現の自由の決定的制限の下におかれ、メディア全体がナチ化（ナチ用語では、「グライヒシャルトゥング」〔「均制化」、強制的同質化〕）されたということである。

政治的カリカチュアの特徴は、何よりアクチュアリティを本質としている。どの時代にも政治的カリカチュアはその時局性、現実性を失わない。したがって、ヒトラーが独裁者としてドイツを支配した時代の政治的カリカチュアは、ナチのプロパガンダ、政治宣伝の武器、重要な手段として機能した点をまず認識しておかねばならない。ヒトラーを公然と批判する風刺画はヒトラー独裁確立後は基本的にドイツ国内から消え失せたし、彼の権力・権威に対するあてこすりやジョークも密告をおそれ密かに囁かれざるをえなくなった。容赦なく批判した作品は、基本的に国外で生まれたものといってよく、国内産であれば、まず独裁以前のものといって間違いない。

二　二〇世紀初頭ドイツにおけるカリカチュアの意味

風刺画は、複雑な事態の内容を明確に（単純化して）描き述べることによって、見る者にはっきり目に見えるよう可視化し、簡潔にして含蓄に富み、しかも意味深長な形で状況を的確簡明直截に理解させ内容に親しませながら真実を衝くといった、すぐれて真理機能的な側面をもっている。政治的背景を「クリア」にしそれによって一種「啓蒙的」役割を演じることができるのである。こうしたポテンシャルが、公刊物において啓蒙的な暴露の意味での体制批判を表現することを可能にさせるカリカチュアの重要な一面であろう。従来のカリカチュア論がこうした見方やイメージを基本的に貫流させてきたことは間違いない。啓蒙の手段として進歩的で、時代遅れの旧習とも戦ってきたという政治的カリカチュアの表象は現在でもなおひとつの神話的意味をになっている。その非妥協的で腐敗しない批判的精神が「本質的」メルクマールなのである。こうして神話化されたカリカチュアは、陳腐な利益政治・権力政治に対して依存関係をもたない世界を保証されているかのごとくでもある。近代ドイツのカリカチュア史も豊富で複雑な問題を多種多様にはらんでいるが、上記の意味で政治的カリカチュアのアクチュアリティを鮮明に確認した一つの論考を、第一次世界大戦を経てドイツ革命を迎える、その一五年前のドイツ社会民主党機関紙『フォアヴェルツ』に掲載された論考「カリカチュア。その本質、歴史的役割、国際的性格」（一九〇三年十一月二十六日号、無記名）にみることができる。「カリカチュアの特性は、それが精力的で歴史を前進させる反対党（対抗勢力）の自由になるとき特に効果的でヴィヴィッドならしめる点にある。こうした前提条件は未来の理想をつかもうとするところにのみ見出されるからである。他方で、反動の主勢力とその中心同盟者は根深く古い偏見と克服されるべき思想の担い手だ。彼らは歴史的に正当化されえない考え方と特権にあぐらをかき、それに守られており、深部にまで達すべき批判の滑稽な対象なのだ。同じ理由から反動諸党派が風刺を刺し貫く武器としてまず用いてこなかったのも当然のこととしてうなづけるのである」というのが、さわりの部分である。

同時代のリベラルな美術史家で四半世紀のちにヒトラーと対峙する政治家となり、第二次世界大戦後はドイツ連邦共和国の大統領として活躍したテーオドール・ホイスが一九一〇年「カリカチュアの美学について」と題するエッセーを『パトリア（祖国）。文化と自由のための雑誌』に寄稿しているのも注目されよう。「カリカチュアがいちばんラディカルで民主的、半ば反君主制、半ば反教権（反教会）の政治的色彩を帯びている。もちろん一貫しているわけではないが、基本的性格はそうだ。けだし保守主義には本質上、積極的な批判精神が欠如しているからである」としている点、社会民主党の上記論考と合わせ、二〇世紀初頭のカリカチュアをめぐる（保守派からすれば政治的バイアスのかかった）一面的相論といって片付けてしまうわけにはいかないのは、社会民主党であれホイスが代表していたリベラル左派であれ、第二帝制期（正確な国制名は「ドイツ帝国」一八七一〜一九一八年）野党的立場に逼塞せざるをえなかったのが、第一次世界大戦とドイツ革命を経てドイツ最初の議会制民主主義共和国創設、いわゆるヴァイマル民主制の消長に決定的にかかわる政党に発展していく要素をカリカチュア論のなかにもはらんでいたからである。

三　ヴァイマル共和国期の代表的政治風刺雑誌と活躍した画家たち

ナチズムが泡沫政党から国民政党へと台頭し、ヒトラーが「われらが党総統」からドイツ全体のカリスマ的な国民政党指導者として成り上がっていく過程は、ヴァイマル共和国の存立・解体、この民主的国制を支えていた憲法の維持・改正の問題と切り離しえない重要な歴史問題を構成している。こうした不可分の問題が、政党間で当時どんなにアクチュアルに論じられ争われたかは、世界の現代史研究者の間で頻繁に取り扱われてきた。それと比べ、風刺画による批判のレベルでどのような実践と葛藤が展開されてきたかについて、本書のように包括的に問題が俎上にされることは、邦書ではこれまで殆どなかったように思われる（訳書としては、参照、ズブニェク・ゼーマン『ヒトラーをやじり倒せ――第三帝国のカリカチュア』山田義顕訳、平凡社、一九八〇年）。

ヴァイマル共和国時代（一九一九〜三三年）の代表的な風刺誌としては、『ジンプリツィシムス』『クラッダラダッチュ』の二誌が、よく挙げられるが、『デア・ヴァーレ・ヤーコプ』（「真のヤコブ」「ヤコブに間違いなし」の意。以下では『ヤーコプ』誌と略記）』も本書の出典一覧（二〇三〜二〇五頁）に頻出しているとおり、二誌に劣らず重視して然るべきと思われる。この『ヤーコプ』誌は、一八七九年社会民主党の肝煎りで『クラッダラダッチュ』よりも三〇年ほど遅れて発刊された風刺誌である。第二帝制期ビスマルクによる抑圧法「社会主義者鎮圧法」（一八七八〜九〇年）にも耐えたこの雑誌のタイトルは旧約聖書『創世記』のイサクの双子エサウとヤコブ、そのヤコブに由来していた。タイトルのドイツ語そのものの意味は、「本物」「まさしくその人（その物）」「どんぴしゃり」、「本質（を衝く）存在」等であり、そのような意味で日常的に使われている言葉という点からもカリカチュア誌の名辞に相応しかったといえよう。第一次世界大戦前の一九一二年野党ながらドイツ帝国議会第一党になり、第一次世界大戦敗北、君主制倒壊後のドイツ革命の帰趨を決めた憲法制定国民議会選挙で二七・九%の得票率を獲得しヴァイマル連合政府の第一与党となってヴァイマル共和国をになった社会民主党の『ヤーコプ』は共和国の民主主義体制を支える雑誌としての役割も果たすようになっていたため、ヒトラーが権力を握るとたちまち息の根をとめられ禁止の憂き目を見たのである。この雑誌の代表的なカリカチュリスト、ヤコーブス・ベルゼン(一八七〇〜一九三七年、ニューヨークで客死)による歯剝き出しのヒトラーの、「合法性」選択の恣意性を強調したきつい風刺(本文一頁)は、ヒトラーの政権掌握一一カ月前の作品だった(この絵に描かれている突撃隊(SA)については、のちに再言及)が、その「合法性」の背後に潜む残忍な暴力性を暴き出したベルゼンは、ドイツにとどまってはいられなかった(ベルゼンの作品は、さらに本文二四頁、一五三頁参照)。ヴィリ・シュタイナート(一八八六〜一九五四年、本文一五頁)やエーリヒ・ヴィルケ(一八七九〜一九三六年、本文一一四頁、一二六頁、一三八頁、一五二頁)、さらにヴィリバルト・クライン(一八八六〜一九四五年、本文一四二頁)もヴァイマル期の『ヤーコプ』誌あるいはまた『ユーゲント』誌等で活躍した画家として逸せられない。クラインの場合は、三三年に

画家としての職業禁止措置を受けたが、四四年措置解除後は『クラッダラダッチュ』に反ユダヤ主義作品を寄稿、敗戦前夜「国民突撃隊」に召集され、ソ連赤軍の捕虜になる際、銃撃を受けその傷がもとでしばらく後に死亡した。

『クラッダラダッチュ』誌は、『ヤーコプ』誌とは対照的に、ナチ体制下も一九四四年まで生き延び結局百年近く存続した、ドイツの代表的風刺誌で、ドイツ語のタイトルは、物が落ち壊れる「ガラガラ、ドシャーン」といった擬音語で、時代がひっくりかえるほどの大混乱をも意味した。ユダヤ商人の家に生まれた軽喜劇作家ダーフィト・カーリッシュが一八四八年三月革命後のベルリンで創刊した風刺誌で、当初は言論・集会・報道の自由を訴え、君主制・抑圧・検閲に反対、第二帝制期ビスマルク時代に権力迎合へと変質した市民層をも鋭く批判したが、編集経営陣交代を経てヴィルヘルム二世皇帝時代には、ドイツ保守主義や反ユダヤ主義を際立たせるようになる。第一次世界大戦後のヴァイマル共和国期には君主制復活を主張、世界恐慌期に野党第一党に躍進したヒトラー・ナチ党と共闘する国家国民党(党首フーゲンベルク)や、大統領ヒンデンブルクお気に入りの貴族政治家パーペンの国粋主義的意向を呈し、共和国打倒、ヴァイマル憲法「改正」(この「非ドイツ的」憲法を変更すべし!とする)政策をカリカチュアを通じて訴えるようになった。「第三帝国」期にはヒト

ラーを擁護し、ナチ独裁の敵や犠牲者を誹謗侮辱する、ブラックジョークを全開させ、ナチ体制末期まで命脈を保ったのである。

本書では、この雑誌に寄稿していた画家としてアーサー・ジョンソン（一八七四〜一九五四年）の作品が最も多く四点（本文八頁、一一頁、九一頁、一〇三頁）採用されている。ジョンソンはアメリカの駐独ハンブルク領事の子息でアメリカ出身だが、ベルリン芸術アカデミーで学び修了後もドイツで画家となり、ヴァイマル・デモクラシーを批判的に描く中、ヒトラー崇拝者となり、ナチ党員になった人物である。共和国派が揶揄したのとは正反対に、ジョンソンの描いたヒトラー像は、生真面目で神話的聖性さえおびている。オスカル・ガルヴェンス（一八七四〜一九五一年）の作品は、ここではジョンソンに次いで三点掲載されている（本文七七頁、一六九頁、二〇一頁）。

一九世紀末のミュンヒェンでの創刊以後、ドイツで最もよく読まれたカリカチュア雑誌は『ジンプリツィシムス』である。鎖を嚙みちぎる「赤いブルドッグ」のPRイラストで知られ、斬新さと辛辣さで一大センセーションを巻き起こした「ヨーロッパで最も素晴らしい風刺雑誌のひとつ」と評価されたこの雑誌のタイトルは、中欧ドイツの人口の三分の一を失わせたとされる一七世紀三十年戦争期に書かれた小説『ジンプリツィシムスの冒険』からとられ、「戦争の混乱と悲惨と暴虐の中をさ迷い、獰猛な時代を自らの才覚ひとつで生き延びていく」驚くべき単純な性格の（simpel）主人公に由来していた。自由主義の立場から、第二帝制の軍国主義、権威主義的反動、家父長主義を徹底して批判し、笑いのめそうと努めた点で「難破寸前の国を救う道化師」たる役割を自負していたが、第一次世界大戦を迎えると第二帝制「全否定者」の立場から一転して確信的「祖国擁護者」に変質する。そして敗戦、ドイツ革命以後、むしろ皇帝ヴィルヘルム二世という、これまでの最大の攻撃目標を喪失し、『ヤーコプ』誌ほどに信念をもった積極的な共和国擁護者に変わろうとはせず、そうかといって『クラッダラダッチュ』のように明確にヴァイマル共和国を否定するというわけでもなく、政治的極左極右への分極化傾向が強まる中で、どっちつかずの中立的あるいは超越的態度から政党間抗争を継続して批判していった。世界恐慌勃発後、共和国政治が一種の末期症状を見せはじめて一部の画家はようやくヴァイマル体制の護持を鮮明にしたものの、一九三三年のヒトラーの政権掌握を迎えると『ジンプリツィシムス』は、一九一四年の第一次世界大戦勃発の時と同様すんなり状況の変化に適合した。ナチ体制成立後の雑誌は「先の世界大戦が証明したとおり〝戦闘的雑誌〟ジンプリツィシムスは、ただ単に批判的でネガティヴに終始せず、強力にポジティヴたりうる」とはっきり宣言したのであった。本書で取り扱われている画家としては、特にトーマス・テーオードール・ハイネ（一八六七〜一九四八年、本文一六頁、八五頁）、オーラフ・グルブランソン（一八七三〜一九五八年、本文一二四、一三六頁）が注目に値しよう。両者ともに雑誌創刊時からのメンバーであり、ハイネは雑誌の芸術的内容、政治的内容の双方に影響力を有する重鎮であったが、ユダヤ系だったためヒトラーの時代にプラハに亡命を余儀なくされ、チェコが独軍に占領される段階になるとノルウェー、さらにスウェーデンに移らざるをえず、結局ストックホルムで客死した。ノルウェー出身のグルブランソンは、第二帝制期しばしば『ジンプリツィシムス』の表紙を飾る痛烈な君主制・貴族体制批判の画家であったが、ヴァイマル体制否定というただ一点ではなれ合うナチ党と共産党を皮肉った本書のカリカチュアが示しているように、その筆致の辛辣さをややトーンダウンさせていった。ヒトラーの時代を迎えると、ストイックなオポチュニストとしてナチ体制に無批判的となり、「私は本来政治的画家ではなく、自家薬籠中のモチーフを描くだけである」と弁じ、顕彰も受けている。いま一人注意を喚起しておきたいのは、エーリヒ・シリング（一八八五〜一九四五年、本文七頁、一一五頁）である。第二帝制期には『ヤーコプ』誌に属していたが、ヴァイマル共和国期、特に一九二〇年代には『ジンプリツィシムス』で、最も人気ある画家のひとりになっていた。共和国を武力で打倒しようとしたヒトラー一揆が失敗した翌年の一九二四年「新国会」と題する標題の彼の作品（シリングのこのカリカチュアを本書はたまたまカット）は、当時の共和国大統領エーベルト（社会民主党領袖）を半人半馬の醜いケンタウロスとして描き、「おれの背中に跨がっているこの二人の奴は誰なんだ？」というキャプションをつけており、エーベルトの背中にはピストルをぶっ放す鉤十字制服のナチ党員と、他方で二三年に武装蜂起による共和国打倒をはかって挫折した共産党の党員が片手にヒ首、他方の手には半人半馬のエーベルトの尻にあてようと跨がっている図柄である。ヒトラー逮捕後の共和国の安定が極左極右の勢力に依然脅かされていることを冷笑化しながら、お手上げの社民党大統領エーベルトの姿も好意を持っては描かず、むしろヨーロッパではマイナスイメージの怪物に仕立てている。極右の反共和国派に誹謗侮辱され続けた大統領エーベルトは翌一九二五年悪性腹膜炎で急死し、第一次世界大戦の独軍の英雄で保守派のヒンデンブルク元帥が新大統領に選出された。このように共和国に対し距離をとっていた『ジンプリツィシムス』であるが、ナチ党が一九三二年に国会第一の政党になってもヒトラーが権力をとれない問題を最も鋭利なタッチで描き出した点（「恩寵なき二人」と題する作品、詳しくは後述）、シリングは看過しえない画家として現在まで異彩を放っている。だが、一九三三年までは、ナチズムにも鋭い皮肉の矛先を向けていたシリングも、ヒトラーの新体制を熱心に支持するにいたり、特に第二次世界大戦が始まると、『クラッダラダッチュ』のガルヴェンスとともにチャーチル攻撃の急先鋒になっていった。南ドイツに米軍が迫ってきた一九四五年四月、本文第一章に紹介されているように、ヒトラーと同時期の自殺によってその生涯を閉じた。

四　政治家としてのスタートから権力掌握期にかけてのヒトラー像をめぐって

本書は、エーリヒ・シリングによる「昨日までは誇り高く闘っていた」と尾羽打ち枯らしたヒトラーの、武闘派から一転、「合法」政治家駆け出しとなった姿をカリカチュアライズした作品（七頁）の紹介からスタートし、日本ではなかなか接する機会がない、ブラックユーモアを基調とする、貴重な政治的カリカチュアを、次々に繰り出しながら、ヒトラーの独裁権力樹立、そしてナチ新体制の、国際社会への対応をめぐる諸局面を辿り、第二次世界大戦期のナチ・ドイツ側、連合国側双方のプロパガンダを跡付ける形でカリカチュアの現代史を再構成している。しかし、ヴァイマル時代の風刺画の情況ひとつとってみても政治的背景を毎日、新聞でフォローしていた当時のドイツ人ならば、ぴんとくるものの、現在のドイツ人、なかんづく若い世代にとっては、ちんぷんかんぷんなのではなかろうか。カリカチュアの解読が簡単でないことは、歴史教育関連の読本に図像解説書がたくさん出版されていること一つとっても明白である。この時代のカリカチュアが何をあてこすっているのか、日本の読者にとってはなおさら難解にならざるをえないのは否定できない。

ヒトラーが生粋のドイツ生まれのドイツ人と思っている方が日本ではまだ少なくないが、ヒトラーはオーストリア（正確にはオーストリア＝ハンガリー帝国）生まれのオーストリア人だった。ウィーンから兵役を逃れてドイツのミュンヒェンにやってきてバイエルン王国の歩兵連隊に外国人ながら志願することを通じてドイツ帝国軍の一兵員となり、第一次世界大戦の四年間を基本的には連隊司令部付きの伝令兵として送った。手続き的にドイツ軍は、ヒトラーの外国籍を問えたはずだが問題にしなかった。ちなみに密かにミュンヒェンにヒトラーとウィーンからやってきた一友人は、大戦が勃発すると急遽本国に帰還し、オーストリア＝ハンガリー帝国の一員として戦っている。敗戦後ミュンヒェンに戻ったヒトラーは、五年後にはナチ党指導者（フューラー）として、ドイツ最初の民主主義共和国打倒のミュンヒェン一揆をひきおこした。

一一五頁のシリングのイラストは、国家反逆罪をおかしたヒトラーを（一揆の）火付け役として象徴的に描き出しているが、ヒトラーをかついでいるフォン・カールが真犯人であることもちゃんとにおわせている。バイエルンの反動政治家の代表だったカールは、君主制をむしろ復活させるためにヒトラーをかつぎだしたのが実際であり、ヒトラーを反逆人として裁こうとした裁判では、カールはこうした自らの反動的画策を隠しおおせたのであり、カールが裏切ったから武装クーデタが失敗したと恨み続けていたヒトラーは、その一一年後（ナチ政権掌握一五カ月後）の突撃隊幹部粛清（レームをはじめ突撃隊幹部に一揆陰謀プランがあると断じ、問答無用の大虐殺を敢行）のどさくさの中で部下にカールを惨殺させた。ヒトラーが一九二五年に再建させたナチ党は、二八年の総選挙では一二議席しか得られなかった（このとき社会民主党は大勝利し第一党として共和国政権に返り咲いた）が、翌年の一連の地方選挙で地歩を固め、テューリンゲン州では、国民党と連立を組んではじめて州政権に参画した。内務大臣のポストを獲得したフリック（三年後にはヒトラー政権の内務大臣に就任）は、全権委任法の実験をこころみ、州公務員の三分の二（大部分は社会民主党や自由主義者系）を罷免した。オーラフ・グルブランソンの一二四頁の「ソリック博士とヴァイマルの精神」は、シルエットで暗示されたゲーテが一八世紀ヴァイマル公国で大臣を務めたときとは似ても似つかぬ専制支配が、フリックによって強行されたことを皮肉っている（当時ヴァイマルはテューリンゲン州の中心都市）。エーリヒ・ヴィルケも、一五二頁の六コマ漫画で描いているように、内相として警察を掌握したフリックがテューリンゲン州警察（当時は州が警察主権を有し、ドイツには全国警察という組織は存在せず）を牛耳った途端、ナチ突撃隊を「補助警察」として使い、こんなひどいことをやり始めたのだから、ベルリンの中央政権の権力をヒトラーが握れば、全国でもっとひどいことが始まりますよ、とコミックは警告を込めていたということになろう。実際、テューリンゲン州で州議会議員も務めていた社会民主党系の一教員も一九三〇年、州内相フリックによって罷免され、フリック失脚後復職したものの、一九三三年フリックがヒトラー政権の内務大臣職に就いたあと、今度は強制収容所に入れられ殺害されている。

一九二九年秋に勃発した世界恐慌の波はドイツ経済も破綻させ、一九三〇年春、社会民主党を中心にした大連立政権は退陣を余儀なくされ、以後ヴァイマル憲法を守ろうとする共和国国会で多数派を構成できなくなり、ヒンデンブルク大統領が「上から」首相を指名する「大統領内閣」が三年近く続く。君主制、帝制を復活させようとする、権威主義的反動グループと、君主制、帝制が復活したら自分の出番がなくなると考えながらも、ユンカー（大土地所有貴族）や財界、軍部等、（共和国末期には国家国民党のフーゲンベルクにも大きく影響されていた）権威主義的エリートたちの協力がなければ、政権奪取のチャンスはないとするヒトラーのナチズム運動とが、議会制民主主義共和国を打倒し、憲法を「改正」（ないし機能不全に）する方向では一致していた。しかし競合状態は、ヒトラー政権がナチ党・国家国民党連立の大統領内閣として成立するまで続くことになったのであった。

エーリヒ・ヴィルケの一二六頁の「一九三一年四月一日のヴァイマルでの第三帝国宣言」は、エイプリル・フールと笑い飛ばすだけでは済まない現実性を当時おびていた。もとの絵は、日本の世界史教科書にも載っている、アントン・フォン・ヴェルナーの歴史画「（ヴェルサイユ宮殿鏡の間での）ドイツ帝国創立宣言（一八七一年一月一八日）」であることは明らかだ。カリカチュアからちょうど六〇年前の出来事だった。ヴェルナーの絵のプロイセン国王（新しいドイツ帝国皇帝）ヴィルヘルム一世の代わりにヒトラー（「アードルフ一世」）、プロイセン首相（新しいドイツ帝国宰相）ビスマルクの代わりにフーゲンベルクを据えたところがヴィルケのこの作品の味噌である。ヒトラー、フーゲンベルクが目の敵にしていた共和国が産声をあげた、その誕生地に代えて、ヴィルヘルム一世がビスマルクらとともに新しいドイツ帝国宣言をおこなった、世界史的舞台を背景に選んでいるのも、歴史的「リメーク」を十二分に意識しているのである。

一九三二年になると、当時のブリューニング内閣はヒンデンブルクの大統領としての任期七年が切れるということで八五歳の高齢ながらヒンデンブルクに再登場を要請した。ナチ突撃隊の処遇（禁止措置）はじめブリューニングの政策に反対していたナチ党また権威主義的反動派はヒトラーをヒンデンブルクへの対抗馬にしようとした。ところがヒトラーはミュンヒェン一揆の際、まだ外国籍（オーストリア人）であり、反逆罪裁判を通じドイツから国外退去処分になるところだったが、オーストリア官憲がヒトラーの受け取りを拒否する姿勢も見せる中、有罪になったヒトラーは自ら申請してオーストリア国籍を抹消、無国籍者になっていた。三〇年には選挙で一〇九議席を獲得し国会第二の党に躍進したナチ党党首（総統）でありながらまだ議員資格もなかったヒトラーは、三二年にいたり、ドイツの大統領候補者資格としてドイツ国籍が必要となり、急遽ブラウンシュヴァイクの（名目だけの）公務員になり、ようやくドイツ人になった。『ヤーコプ』誌派の画家であった一五頁のシュタイナートや一四二頁のヴィリバルト・クラインは、にわかにドイツ人になろうとする、それも民主主義の憲法を破壊して共和国を打倒するためになりふり構わぬヒトラーを痛烈に批判したのであった。

この選挙では、ヒンデンブルクが五三%、ヒトラーが三六%獲得し、結局ヒンデンブルクが再選されたのだが、「保守派」と、「ナチス＋権威主義派」とは勢力伯仲しており、ヒンデンブルクがヒトラーに二〇%近く差をつけて勝てたのは、社会民主党が、ヒトラーに比べればヒンデンブルクのほうがましだと判断したからであった。『ジンプリツィシムス』では大統領選直後号（一九三二年五月一日号）でエーリヒ・シリングが「恩寵なき二人」と題する、アウグスト・ヴィルヘルム皇太子（一九一八年の革命で失脚しオランダに亡命したドイツ皇帝ヴィルヘルム二世の第四子）とヒトラーが冷めた表情で互いを見つめあっている、政治的に微妙な一品を提示している（作品の複雑なニュアンスについての若林氏の御判断か、本書ではこの作品は不掲載）。皇太子ヴィルヘルムは一九三〇年（ドイツ第二の政党に躍進したナチ党の）突撃隊に入隊しメディアを騒がせた。プロイセン・ホーエンツォレルン王家も共和国の政治的打倒という点ではヒトラー・ナチスを応援するぞという意思表明である。だが二年後の大統領選挙は、ヒンデンブルクが居座り、そしてそれを社民党がサポートするかぎり、ヒトラーがドイツ国の元首になれる芽はないということを、このカリカチュアは容赦なく示していたのであった。しかし君主制の復活をヒトラーはもちろん絶対に望んでいなかったし、プロイセン皇太子のほうも、イタリア王室と共存しているファシスト、ムッソリーニとヒトラーとは全然違うと見抜いていたのか、お互いを冷徹に見つめあう二人の図柄になっている。しかしこのカリカチュアなどにお構いなく共和国末期の政治は大きく動き出す。

ヒンデンブルクは、突撃隊禁止措置を出していたブリューニングを、大統領選勝利から二カ月も経たないうちに罷めさせ、代わりに男爵パーペンを首相職に据える。ほとんどが貴族閣僚で構成されたこの大統領内閣が唯一成功させたのは、人口・面積でドイツ全体の五分の三を占めていた最大州プロイセンの社会民主党を州権力から追放しえたことだった。共和国誕生の時から州首相を務めていたオットー・ブラウン（社会民主党）はこのパーペンの措置を憲法違反と訴えたが、民主派は最後の拠点を失った（中央政府による七月二十日の対プロイセン・クーデタ）。一一日後の総選挙で三七・三%の得票率を得て、国会第一党に躍進したナチ党は、八月、パーペン政権から入閣をもちかけられながら、ヒトラーは自らいきなり首相職を要求しヒンデンブルク大統領の不興を買って政権掌握のチャンスを失った。だが、パーペンも三カ月後、ヴァイマル憲法を廃止して帝制復活を目指す「新国家」計画の下、戒厳令を強行しようとして国防大臣のシュライヒャー将軍はじめ殆どの閣僚に反対され失脚した。代わって三人目大統領内閣首相として登場したシュライヒャー将軍は、ナチ党全国指導者組織の重鎮でナチ左派（労働組合派）を率いていた党ナンバー2、グレーゴア・シュトラッサーを引き抜き入閣させることでナチ党の分解をはかったが成功せず、怨恨感情を募らせていたパーペンの画策もあって二カ月足らずで退陣に追い込まれた。三二年の四回にわたる国政選挙戦に疲れ、政権がめぐってこない状況に苛立ちながら十一月総選挙で大敗し、ナチ党、特に突撃隊は不穏な動きを見せはじめたうえ、シュトラッサー騒動で危機のピークに立たされたヒトラーは自殺まで考えたといわれるが、パーペンの大統領への働きかけやフーゲンベルクとの妥協成立で、ヒトラーは四人目の大統領内閣（国家国民党との連立）首相としてようやく権力に到達したのであった（パーペンは副首相として入閣）。

大統領内閣誕生の一九三〇年四月からその延長上に三三年一月三十日のヒトラー政権が成立するまで、ナチ党と権威主義的反動派とのせめぎあい、角逐を含む、共和制（＝憲法）破壊のための協働の政治過程は、さまざまに入りくんで複雑だったことは否めない。そのポイント、ポイントをきちんとおさえていけば、本書の特にこの時期の謎めいたカリカチュアも明解にときほぐすことができるのではないかと思われる。一六頁の『ジンプリツィシムス』のハイネの作品「ドイツ童話」（三二年）はグリムの「カエルの王様」をもじったものであるが、当初パーペンだけでなく、シュライヒャー将軍も君主制（帝制）復活が眼目で、ヒトラーなどメでないという彼らの感覚も言外に読み込めるであろう。しかし、シュライヒャー将軍の場合はナチ労働組合派だけでなく（社会民主党排除を前提に）自由労働組合までとりこんで軍と労働者たちによる新体制をも構想する「社会的将軍」と疑われ、大資本家や大農からそっぽを向かれたことも失脚の原因になったと指摘されるが、ヒトラー政権成立一五カ月後ヒトラーによるレーム粛清の際、親衛隊の保安部長ハイドリヒが放ったプロイセン政治警察（秘密国家警察、略称ゲスターポ）のコマンドによって夫人とともに自宅で殺害されたことも忘れてはならない。

繰り返しになるが、議会制民主主義・立憲主義を弱体化させ改憲をともにめざす権威主義的反動勢力を、絶対不可欠の構成的同盟者になしえたこと、またヴァイマル共和国期の他の政党には創出しえなかった「政治的兵士」運動たる突撃隊（SA）という稀有の暴力組織を独自に保持展開させえたこと、この二つの決定的強みこそ、ヒトラーに権力がころがりこんできた二大要因だった。ナチ党が一二議席（得票率二・六％）から一〇九議席（一八％強）へと野党ながら国会第二の「国民政党」的存在へと躍進した一九三〇年九月の国会選挙以後、ヒンデンブルク大統領周辺でもヒトラーを「上から」取り込もうとする権威主義的反動派の動きが本格的に始動していたが、軍内にナチ細胞を作ろうとして逮捕された三人の国防軍将校を被告人として裁いたライプツィヒ国事裁判所の「国防軍裁判」にナチ党側証人として出廷した選挙勝利直後のヒトラーは、七年前のミュンヒェン一揆のときのように国防軍に歯向かうことは絶対ありませんと、共和国に対してではなく軍に対して「合法性」を宣誓した。同時に法廷でヒトラーは社会民主党政治家はじめ共和国を作った連中の首が、ヒトラー自らの権力掌握の暁には転がることだろうと公然と言ってのけた（四三頁のカール・ホルストの作品では、『ヤーコプ』誌の画家の面々もナチ権力掌握の暁には、同様の運命をたどると不吉にも予告されている）。共和国の立憲派・民主派を排除しようとする点では共通志向の軍もヒトラーに対する猜疑心をこのヒトラーの誓約で緩めるようになる。

当時のメジャーの風刺雑誌にはほとんど描かなかったヴァルター・ヘルツベルクの一二八頁の作品が注目されるのも、ここで茶化されているヒトラーがナチ突撃隊の制服・制帽をまず着用している点である。ナチ党総統のヒトラー自身が突撃隊司令官に就任したのは、一九三〇年の国会選挙大勝利後であった。ルーデンドルフ将軍とタグを組んで敢行したミュンヒェン一揆が失敗すると独裁志向も共通するルーデンドルフとはしだいにヒトラーのほうから袂を分かつ（一コマ目）。ヒンデンブルク大統領も共和国のお飾りである限りヒトラーのほうから御免被るというポーズを崩さなかった［ヒンデンブルクが巨人なみに大きく描かれているが、実際ヒトラーより一〇センチほど高かった］（二コマ目）。共和国打倒右翼統一戦線結成でお株を奪われかねない国家国民党党首フーゲンベルクも私のほうから袖にしたい［「メディア王」の異名をもっていた大物フーゲンベルクもここでは誇張的に小さく描かれているが、実際ドイツ人の中ではかなり小柄だった］（三コマ目）。不一不異ながら見捨てていたはずの突撃隊からハッと気がついたら自分のほうが惨めな裸姿で見捨てられていた（四コマ目）。この最後のコマは、以下のような問題をも暗示している。すでに二九年の地方選挙で好結果を出していたことからも、多数候補の総選挙での当選が確実視されていたにもかかわらず、それまでも選挙戦を闘いぬいた突撃隊員が国会議員に立候補することは認められていなかった。ナチ党政治組織から三〇年の選挙も拒否されたためにベルリンの突撃隊を中心に選挙直前抗議の反乱がおこり、ミュンヒェンの党本部から飛んできたヒトラーは必死で説得にあたったが、東部突撃隊からかなりの離党者や脱隊者が出るのを防ぐことはできなかった。これを契機に以後は突撃隊からの候補擁立もヒトラーは承認し自ら突撃隊の司令官に就任、ボリビアに軍事顧問として転出していたレームを新幕僚長として呼び戻し、突撃隊の実質的再編をゆだねた。

カリスマ的指導者であったはずのヒトラーを容赦なく真っ裸姿に描き出すことによって、彼の権威喪失と党内における地位不安定化状況を衝いたヘルツベルクの当てこすりは、ヒトラーの逆鱗にふれたと思われる。ナチ体制から執念深く追われたこのユダヤ系画家は一三年後の一九四三年にアウシュヴィッツで殺された。ヴァイマル共和国期の問題に再言及すると、一九三一年にはヒトラーがミュンヒェンに同居させていた姪のゲリ・ラウバルが彼の留守中に胸を撃ち抜いた変死姿で発見され、警察は極度の鬱による自殺とみなしたが、彼所有のピストルが用いられていたため、反ヒトラーのとくにフリッツ・ゲルリヒを中心とする『まっすぐの道』誌ジャーナリスト・グループは、ヒトラーによるゲリ殺害のキャンペーンを張り、スキャンダル化してヒトラー政権誕生の芽を摘もうとした。このグループは特に権威主義的反動派のヒトラー呼び込み策謀も風刺画等で茶化しながら暴露した点で際立っていた。本書ではヤコーブス・ベルゼンの一頁の作品が、運動の「合法性」を標榜し強調するヒトラーの口の中は突撃隊員で溢れかえるようにいっぱいで、その兇暴な暴力をまるで無害化できるかのような「レガール（リーガル）」（合法的）という言葉をお題目（口先で唱えるだけで実質を伴わない主張）にしているヒトラー自身の顔も凶悪で鮮烈な印象を刻み付けているが、「新内閣：不吉な予感をもって見る人びとにとってのイチジクの葉」（『まっすぐの道』二三号、一九三二年六月五日）も、より辛辣にヒトラーを茶化していた。新内閣とは、ナチ突撃隊を禁止したブリューニング首相を、賞味期限がきましたとシュライヒャーらに促され退陣に追い込んだヒンデンブルク大統領が次に首相に指名したパーペンの内閣であった。すでに言及したように、『ヤーコプ』誌派の画家たちは、大統領選挙に臨んで立候補のためにあわててドイツ国籍を取得した無国籍者ヒトラーを揶揄したのだが、三～四月（ヒンデンブルクは一回目過半数をとれず、二回目で過半数を制し当選）の選挙戦に際して突撃隊はかなり激しい暴力を展開したために全国州内相会議で突撃隊（当時は突撃隊の一部だった親衛隊も含め）禁止要求が出され、ブリューニング政権は禁止令布告を大統領に願い出た。再選されたばかりのヒンデンブルクは、社会民主党の支持でヒトラーに勝てたことを喜ばず逆に右翼から批判されるのをいたく気にしており、軍からもヴェルサイユ条約に禁止された秘密の再軍備に必要な突撃隊をなぜ禁止したのかと迫られ、二年以上首相の座を維持したブリューニングを罷免することにし、国会でもほとんど支持基盤がないにもかかわらず自らは憎からず思っていた権威主義的反動派の男爵パーペンを新首相に指名した。パーペンは政権に就く前にヒトラーと交渉し、突撃隊禁止令を解除するから新政権に寛容な態度を示すようという取引をしていたのであった。上記ヘルツベルクの作品のほかにも本書には、トランクスだけの、珍しいヒトラーも登場している（二九頁）が、『まっすぐの道』の風刺画「新内閣」では、下着もつけていないヒトラーが突撃隊の旗を握りしめ、前をただ大きなイチジクの葉で隠している図柄になっている。イチジクの葉の上に、「突撃隊禁止解除」というパーペンの一九三二年六月の「お墨付き」措置がサインされているのが判読でき、隠蔽されたのが突撃隊の暴力だとはっきりわかる、一種ポンチ絵風でもある。いうまでもなく西洋絵画は恥部を露出させないためにイチジクの葉をしばしば用いる伝統があるが、この絵では、イチジクの葉を提供したのはパーペン（新）内閣であるとの文字が見える。おまけにヒトラーの本質的恥部たる暴力組織がパーペンの禁止解除措置によって「合法性」を再獲得し、暴力的本質をほんの形ばかり隠蔽することに成功したという含意が読み取れる。パーペン以上に自分がからかわれていると直覚したヒトラーはこの侮辱をけっして忘れなかった。ハイドリヒの刺客がヒトラー政権誕生直後『まっすぐの道』の最も活動的なメンバーのひとりのオーストリア逗留先をつきとめ襲撃し殺害。それを知ったゲルリヒ自身も、最も信頼を寄せていた友人とともに覚悟はしていたものの、三四年六月レーム事件のどさくさに紛れ、容赦なく虐殺される結果となった。『まっすぐの道』誌の活動もこうして根絶やしにされたことを忘れてはならない。

五　政権獲得後のヒトラー像とカリカチュアの変質

日本では、一九三三年三月二十三日、内相フリック（ナチ党）立案の全権委任法が、共産党を排除したヒトラー新政権下の国会で、議員三分の二以上の出席を確保、三分の二をこえる多数の賛成により（唯一社会民主党反対）、可決されたことをもってナチス一党独裁の成立と考えている人がまだ少なくない。国会放火事件一日後の二月末日に発令された大統領緊急令によって言論の自由はじめ国民の基本権が実質的に廃棄されたことと並んで、この全権委任法が、予算を含む法律を国会にかわって制定しうる立法権を政府に与えたこともヒトラーの独裁を可能にするのに決定的であったことはたしかであるが、三月末日公布の「諸州の、国との均制化のための暫定的法」がなければ、州レベルでも議会の機能にピリオドを打たせられなかった。四〜七月の多党制の解体過程を経て、ナチ党以外の政党を全国において一切認めない「新党設立禁止法」（七月十四日）によりナチ一党独裁がここにようやく成立した歴史的事実を確認しておく必要があろう。本書では、アーサー・ジョンソン（九一頁）が、ヒトラー政権掌握一年後の三四年一月三十日に出された「国家新編成に関する法」に触れている。この法は、州そのものの自律性を除去し、強制的同質化（均制化、グライヒシャルトゥング）のプロセスの一頂点を示した。すでに機能を失っていた州議会は廃止され、州の主権事項（例えば警察権）は国（ライヒ）に移行、国への州の下属も明確に規定された（二週間後には各州代表で構成されていた連邦参議院も廃止）。

独裁成立までは一種の過渡期であり、ヒトラー政権もナチ党と国家国民党の連立であった三三年前半期に左翼を中心にした民主派の抵抗が敢行されれば、まだ成功のチャンスはあったかもしれない。三三年も後半に入ると、ナチ野党時代からヒトラー専属（外国向け）報道担当官であったアーンスト・ハンフシュテングルは、ヒトラーの許可を得て、ヴァイマル共和国時代のヒトラーを徹底して皮肉ったカリカチュアを七一点再録したコレクション本を出版した。もちろん国政選挙でナチ党が第一党に躍進した三二年から出版をハンフシュテングルは準備していた。ナチ党の政権入りがいよいよ視野に入ってきた段階で、「権力を掌握した暁には、風刺画家たちを禁圧したい」とハンフシュテングルに対してヒトラー自ら数百集めた風刺画コレクションを示しつつその「抱負」を語ったことがきっかけになったようだ。ハーヴァードで学んだ経験も有していたハンフシュテングルがとりあえず思いついたのは、ヒトラー批判画家たちに対する有無を言わせぬ抑圧ではなく、もう少し「洗練された」方法だった。それはヒトラー風刺画を逆手に取り、そのエラー（心得違い、謬見）がどこにあったかを糺（ただ）し、ヒトラーがその当時揶揄されながらも実際にはいかに（政治的に）正しかったかがその後の過程で証明されたというスタイルを採っていた。英米仏ソ連の風刺画とドイツ国内の風刺画をセレクトしたこの本のメインタイトルが『世界のカリカチュアにおけるヒトラー』になっていたのに対し、副題のほうは「〝インク〟（＝それを画家が使って描いた絵）対〝行動〟（＝ヒトラーやナチ党がおこなった実践・活動の実際）」という具合に、象徴的に、描かれた「嘘」「虚構」と、正反対の本当の「真実」「事実」との対置によって「フェイク」と「ファクト」の対立図式に誘導し、過去の風刺の毒を希釈化無害化せんとする手の込んだものだった。たとえば本書一頁のヤコーブス・ベルゼンの風刺画「ヒトラーが口にする『合法性』の使い勝手」の風刺画が再録されているのはその典型例であろう。ヒトラーが一九三〇年九月ライプツィヒ国事裁判所（国防軍裁判）で合法性宣誓をしたのとは裏腹に、その約束を守るつもりはないし、突撃隊の暴力を濫用して権力を獲得するに違いないと画家はアピールしていたというふうに絵の狙い、作者の意図を解説した上で、ヒトラーは実際には約束通り国会で決定的多数派の支持を得て合法的に独裁権力という目標に到達しえたではないかと自分たちの駁論の正当性を敷衍するといった具合であった。取り扱われた風刺画のうち、ドイツに発するものはヒトラーの政権掌握前の時期の作品で、政権掌握後の時期の作品はまず外国産という風に画然と分別された構成がとられていたのも「正当な」新体制に対する批判・風刺は、少なくとも国内では初めから「ありえない」「考えられない」建前であった。

ナチ体制成立後の国外からの批判・風刺としてとりあげられざるをえなかった作品は、ナチの対ユダヤ人政策、なかんずく三三年四月一日の全国ユダヤ商店ボイコットを扱ったものであった。英米ユダヤの反独的「ドイツ商品」ボイコットに対抗する「正当な」措置と反駁するハンフシュテングルにとって、そもそもドイツの少数ユダヤ人がそれに見合わぬほど過大な影響力を保持行使している現況そのものが「不当」なのであり、なお「是正」「解消」されねばならぬはずのものとされていたが、「メイド・イン・ジャーマニー」がどう扱われるかは、ヒトラー下の新体制にとって死活問題だった。さらにハンフシュテングルを意想外に悩ませていたのは、特に君主制復活志向勢力ないしは「国家内国家」たる軍はじめ伝統的権威主義的エリートの動向だったのではないかと思われる。一九三二年大統領選挙後の「恩寵なき二人」と題してシリングは、ナチ党が国会第一党になってもヒンデンブルクから指名を受けなければ大統領内閣の首班にヒトラーがなれないことを確認した風刺画を描いた点についてすでに触れた（二一一、二二五頁）が、ハンフシュテングルはこの風刺画コレクション本で「ヒトラーは国民多数の信任と親愛によって権力に達した」ことでシリングの問題は解消済みといとも簡単に答えている。他の政党勢力をすべてかたづけナチ一党独裁になっても権威主義的反動派との権力闘争は無論のことナチ内部の対立分岐も激化していたことにはまるで素知らぬ顔を通している。しかしながら、この本の中で実質的にいちばん多く取り扱われていたのは（全体の二割）、真の国内支配者が一体誰なのかという、新体制初期のヒトラーやナチ幹部を不安にさせないではいない未決着問題であった。

その意味で国外から最も注目を集めたのが、一九三四年六月三十日のレーム事件である。この日ヒトラーは、ナチズム「運動」内部の不穏な火種となっていた突撃隊のみならず、権威主義的反動派内部の批判者（最初は政権掌握のための同盟相手）だった面々をも標的にして血生臭い不意の一斉襲撃を敢行し、これら相異なる二つの勢力を同時に始末した。本書一五一頁でも、英『デイリー・メール』紙の最も有名な風刺画家ストゥルーベ作「長いナイフの夜」は、ナチ党の野党時代にはさんざん暴れまわった突撃隊が撃ち倒され死んで横たわっている姿が「惨劇」の舞台幕裾から見えてしまっているのに必死に弁明しているドラマ・マネージャー、ヒトラーを滑稽に描き出している。ヒトラーによるこの「血の粛清」事件を、なぜ「長いナイフの夜」と呼ぶのかについては、以下のような歴史的バックグラウンドがある。カトリーヌ・ド・メディシスの陰謀で、一五七二年八月二十六日夜、パリで新教徒たちが大量殺戮されたサンバルテルミの虐殺は、よく知られた世界史的事件であるが、無辜の犠牲者たちを銃剣ないしサーベル（long knife）で密かに準備した部隊が夜陰に乗じ一斉に不意打ち襲撃したところから事件別称として「長いナイフの夜」が通用するようになったともいわれる。それ以降、軍や大部隊武装集団による、同種の事件も歴史的にこのような名で呼ぶようになり、ことに最近では、ナチ体制初期の、世界を震撼させたこのレーム事件については「長いナイフの夜」が歴史的代名詞になった観がある。レーム事件の場合は、突撃隊からの完全自立をめざしたヒムラーを全国指導者と仰ぐ親衛隊がドイツ国防軍からひそかに武器を大量調達して襲撃を準備し突撃隊司令官たるヒトラー自身が率先敢行したのであった。

欧米では、イタリアのルキノ・ヴィスコンティ監督映画作品『地獄に堕ちた勇者ども』（一九六九年公開）によって、戦後忘却されていたこの事件が広く想起されるようになったが、日本では戯曲「わがともヒットラー」（一九六八年）で作者三島由紀夫が、粛清されていくレームに共感を寄せ、上演を通じて事件そのものが広く知られるようになった。上で述べたようにヒトラーはレームたち突撃隊幹部のみならず、事件一五カ月前自分を首相に据えるのに決定的役割を果たしたパーペンについても副首相職を解き、君主制復活や「保守革命」を画策していたとみなしたパーペンの側近たちを殺害した。それだけでなく、三二年十二月にナチ党を解体の危機にまで追い込んだG・シュトラッサー、彼を引き抜こうとした前首相シュライヒャー将軍やその側近のブレド将軍も暗殺（軍は一言もこれに抗議しなかった）し、ミュンヒェン一揆のときに自らを裏切ったとみなしたバイエルンの権威主義的反動派リーダーのカールもヒトラーは容赦なく虐殺した。また政権奪取直前にイチジクの葉で前を隠しただけの真っ裸のヒトラーを描いた（ここではイチジクの葉の上に、「突撃隊禁止解除」というパーペンの一九三二年六月の「お墨付き」措置がサインされているのが判読でき、隠蔽されたのが突撃隊の暴力だとはっきりわかる）風刺画を掲載した『まっすぐの道』誌の編集者ゲルリヒとその同志をも部下に命じて強制収容所につれこみ殺害している。全国で犠牲者は少なくとも二〇〇名にのぼったともいわれる。八月はじめに腎炎と老衰で大統領ヒンデンブルクは死亡。これまでの「（ナチ党）総統兼ドイツ国首相（Führer und Reichskanzler）」という称号はかえないままヒトラーは首相職に加え大統領の地位にも就いた。レーム事件以降、問答無用の国家テロは、独裁者ヒトラーの意思と命令に応ずるがまま発動されることになった。

　レーム事件の約二カ月後のニュルンベルク・ナチ党全国大会（党会議オープニング）で「ヒトラーはドイツであり、ドイツはヒトラーである」という言葉が秘書で党務相のヘスによって述べられた（本書三二頁でもとりあげられている）ように、ヒトラーがドイツ国家を体現するシンボルになってくると、ヴァイマル期には風刺画でしばしばナイトキャップも被った姿で表現された、ドイツを象徴するひょうきんでどこかお人好し、あまり利口でない「ミヒェル」のかわりに、救世主、あるいは竜を退治する聖ゲオルギウス然としたヒトラーが頻繁に登場するようになる。このような存在として描かれるアーサー・ジョンソン（『クラッダラダッチュ』派）のヒトラーの表情はまさに誠実そうで笑わない、真剣そのものであり、ヴァイマル期に他の風刺画家によって戯画化され漫画チックに描かれたヒトラー像は忽然と姿を消してしまう。「今日のドイツ人」の類型として目的意識的で強力な「第三帝国」北方種（ゲルマン民族）しか認められえない、他の国にもそうしたタイプのドイツ人の尊崇を求めるのは当然だという雰囲気もしだいに醸成されていくのである。

　もちろんナチお抱えとさえいってもよい、ヒトラー御自慢の「運動の画家」、それも風刺画も得意とした代表的存在としてミェルニオール（本名ハンス＝ヘルベルト・シュヴァイツァー、一九〇一〜八〇年）という、宣伝相ゲッベルスの知己でもあった政治的画家が、「闘争期」から活躍していた点にも少しはここで触れておかねばならないであろう。ミェルニオールは第一次世界大戦後ベルリンの国立造形芸術大学で学んだあと、一九二六年にナチ党員となり、翌年からのゲッベルス主導によるナチのベルリン進出に最初から加わり、党機関紙『フェルキシャー・ベオーバハター』やゲッベルス主宰『アングリフ（攻撃）』誌に作品掲載するイラストレーターとしてのみならず、一九三一年創刊の党風刺専門雑誌『ブレンネッセル（刺草）』の中心メンバーとなった。ナチの政敵、共和国を支えている政治家たち、なかでもベルリンの副警視総監であったユダヤ系ベルンハルト・ヴァイスを、典型的「ユダヤ顔」の人物として徹底的に戯画化し嘲笑的差別的描写に終始した精力的ペン捌きは民主派の権威失墜にも大いに貢献し、過激な反ユダヤ主義者ゲッベルスをして「神の恵みを豊かに受けた芸術家」と称賛せしめるほどで、ナチ独裁体制成立後は、党大会・英霊追悼祭の切手図案や第三帝国荒鷲紋章の硬貨図柄を手掛ける代表的政治美術家となり、全国造形芸術院の人事委員会メンバーとして「劣等」絵画（前衛画家やユダヤ人画家の作品）監察・摘発に辣腕をふるい、一九三七年七月のハンブルク美術館Ｅ・Ｌ・キルヒナー、Ｏ・ココシュカ、E・ノルデ等の作品押収を皮切りに「堕落芸術」撲滅にも決定的に関与した。戦争中は「劣等美術品鑑識委員会」や「報道画家全国委員会」の委員長を歴任し、親衛隊からも将官資格の「准将」称号を与えられた。

ミェルニオールは風刺画検閲官として、ナチ体制をになっている人びとは英雄的に、ナチ体制に敵対的な人間は「ネガティヴ」に描出しなければ、その絵は認められない、とやかましく言っていたし、カリカチュアが体制批判の手段たることは許されない（支配する者をあざけることは全く「望ましくなく」）、世界の政治的現況についてのドイツ国民の見方と感情を表現することが風刺画には要請されているとしていた。ナチ体制にとって、他のヴィジュアルな美的表現形態より以上に政治的利害関心・戦略にフォルムを提供しうる直接的手段として効果的なプロパガンダになりうると再認識したことが、カリカチュアの価値をはねあげさせたのである。これはカリカチュアをして日刊紙においてもこれまで以上に大きな位置を占めさせるようになっただけでなく、新聞の「グライヒシャルトゥング」（＝ナチ化）にとどまらないカリカチュアの本格的グライヒシャルトゥングをもたらし、第二次世界大戦開始の一九三九年には、風刺画をプロパガンダの狙いに沿って活性化するため、ベルリンに「インタープレス政治カリカチュア機関」が設立されたが、カリカチュアは、ナチ体制の二大「天敵」ユダヤ人とボルシェヴィキ（本来ソ連共産党を指す言葉ながら、むしろ「劣等人種としてのロシア・スラヴ人」と同義）を侮蔑と憎悪で嘲笑攻撃する武器となり、ことにホロコースト（ヨーロッパ・ユダヤ人に対する絶滅政策）や独ソ戦におけるソ連住民に対する一種の殲滅戦をナチ・ドイツ軍や親衛隊が実際に敢行する前に、絵の中で敵の品位を憎悪のうちにおとしめて敵を差別し、徹底的に野蛮な「怪物」「ばけもの」として描き出し、やっつけ叩きのめすという前駆的役割を演じたのであった。ナチ体制下のカリカチュアは、いかにそれが人間を侮蔑し、「敵」の人間性を無視してやまない戦争政策の手段となり、容赦なく人道をふみやぶる凶器にさえなりうるか、という意味で、その機能を遺憾なく発揮した。

ナチ全体主義が行き着いた「モンスター・プロパガンダ」自体は、一九四一年からの独ソ戦を通じてますます敵としての「ユダヤ人」と「ボルシェヴィキ」の間の境界さえ曖昧化させ「ユダヤ・ボルシェヴィキ」の脅威というひとつの妄想的怪物へとグロテスクに結晶化していったが、ドイツ国民にとっての現実的脅威の第一は、英米軍による空爆、わけてもB24米重爆撃機（別名「リベレーター」。解放者の意味）による独諸都市に対する空襲であった。ゲッベルスがこれを盛んに連合軍による「テロ攻撃」と喧伝したため、テロといえばドイツ人には連合軍による空襲の代名詞になったのだが、本書二〇二頁のポスターの英文バージョンタイトルは「リベレーター」になっており、この合成モンスターは、著者若林氏が指摘されるようにB24が擬人化されたものといえよう。戦争末期の一九四四年ナチが占領を続けるオランダで親衛隊の雑誌に最初風刺画として掲載され、連合国側のラジオ放送を傍受するなという警告も含んだポスターとして普及した。著者はドイツ・ブレーメン生まれのノルウェー人ハラルト・ダムスレト（一九〇六～八一年）でヒトラー政権掌握の一九三三年ノルウェーのナチ党といってよい「国民結集党」に入党し、独ソ戦期の一九四二年には外国人志願兵団の一員として武装親衛隊の報道班員兼戦争画家として活動したが、グラフィック・デザイナー出身で晩年はサイケデリック・アートまで手掛けた多芸多才の人物であった。ナチがノルウェーを占領した一九四〇年以降、国内郵便切手の図柄はすべてダムスレト考案のものとなった。英語バージョンーにも大きく独語文字として見える「文化－テロ」が独語バージョンのタイトルでもあるが、独語版でもテロという語を用いながらも、空爆以上にアメリカ文化の侵攻の脅威をポスターは際立たせている。奇妙なボディ・パーツから成る合成怪物としてのアメリカ的生活様式の多様性・雑種性こそがナチ全体主義に対して真の脅威をなすというメタファーまで織り込み済みだったか否かは別にして、猖獗を極める「アメリカ（文化）の病い」と新しい複合テロを、当時の人びとはむしろフランケンシュタイン的合成モンスターの伝統的脈絡においてとらえたのかも知れなかった。ドイツ語版のキャプションには「アメリカ合衆国はヨーロッパを破滅の運命から救いたいと欲している。だが一体どんな権利があって？」というキャプションがつけられていたことも付言しておきたい。戦後ダムスレトは対ナチ協力者として裁かれ五年の重労働刑を科された（二年後恩赦釈放）が、その後はジェイムズ・ボンド・シリーズや児童書等、本の装丁にも広く従事し、ノルウェーの現代文化史にも無視できない足跡を遺している。

　私たちが注意しなければならないのは、ヴァイマル共和国下ですでに活動していた風刺画家のうち、ナチ体制下でも活躍し、さらに第二次世界大戦を生き延び、戦後の非ナチ化で追及を受けたにもかかわらず、その後の連邦共和国でもそれなりに画家としての命脈を保った人物が、オスカル・ガルヴェンスやミェルニオール、ダムスレトのケースに見られるように、少なからず存在することで、この二〇世紀における激しい体制転換をくぐりぬけたカリカチュア現代史における人的連続性をどう考えたらよいのかという問題であろう。この歴史的連続性の問題、ヒトラーの時代の拡延について、ヨーロッパ、さらにはアメリカ、ソ連（ロシア）、アジア・アフリカ・ラテンアメリカ、世界のイスラム圏も含めた政治文化と芸術・宗教の広い時空コンテクストの中で考えてみなければならないことをも本書は教えている。風刺画の歴史をこのようにたどってみると、ヘイトクライム的志向を重大な端緒とするヒトラーのナチ全体主義運動が、なによりおそれゆるさなかったものは、社会批判、タブーからの自由、人間的ユーモアであった。とすれば、この三つの柱は自由な民主主義が機能しうる必須の条件でもあることにあらためて気づかされる。

著者あとがき

『風刺画とジョークが描いたヒトラーの帝国』、いかがでしたでしょうか？

当初、第二次世界大戦もガッツリ入れる予定だったのですが、キング・オブ・キングスは作品が多すぎて、面白いものだけ厳選してもとても収まらず、戦争突入までの掲載となりました。それでも入りきらない良い絵や、これ以降の作品は、また別の機会にご紹介できればありがたいと思います。ですが、本書のみでも、よほど詳しい方以外は、驚くような絵の一枚や二枚や三枚……、そこに付随する知られざる歴史もあったのではないでしょうか。

前著の「ロシア革命」では絵を集めながら私自身、「常識」の嘘八百に驚天動地の想いをしましたが、世界史の中でも主要な研究対象であり続けている第三帝国も、ロシア革命ほどではないにせよ、真実から視点を反らした「常識」があえて語り広められているようです。

ネットでは「闇の支配者フリーメイソン」の所業や儀式や階級などについての、微に入り細にわたった解説が喧伝され、ネットどころか近所の歯医者にまで「イルミナティ入門書」が置いてあります。私はそれらの記述の真偽を知りませんが、しかし、闇の支配者がいようがいまいが、歴史は書き換えられているということは知っています。……風刺画を集める過程で知りました。「プロパガンダ」だと思って笑って見ていた絵が、調べてみると事実の裏付けが取れてしまうようなことが、何度も発生するのです。

事実と異なる「常識」の流布は、資料の乏しい古代や中世ならまだしも、世界大戦ができるほど地球が狭くなり、敵陣、味方陣から膨大な数の新聞や書籍が刊行され、ふんだんな証拠がそろい、かつ、わずか一〇〇年ばかりしか経っていない二〇世紀以降においても起こっているのです。だったら一九世紀以前は、どれほど改変されていることでしょう……。

「なかったことにしたい」と思う人が多い出来事は、すべてを統制する独裁者の力など借りずとも、なかったことになるようです。この本でも、ナチスのライバルだった組織や国が、都合の悪い事象には固く口をつぐんで語らず、いつの間にか世間一般に忘却させることに成功した事例をご覧いただけたと思います。

また、ナチス時代を深く反省しているドイツや、正義の陣営だったフランスが、現在にいたるまで自国の教会に「ユダヤ人と豚」を撤去もせずに掲げ続けている矛盾にも、驚かれたのではないでしょうか。ルターが説教したルターシュタット・ヴィッテンベルク市（ルターを讃えてヴィッテンベルク市から改名しています）の教会へは、ユダヤ人や学者などから撤去の要請が出されていますが、「ルターゆかり」としての伝統を誇示したい教会サイドは、「文化遺産」だと言って応じていません。（実際、この教会を含むいくつかの建物は、ルター関連の「世界遺産」に登録されています）。

しかし、こういった彫刻や差別画を見ていると、中世に吹き荒れた「魔女狩り」の主体は、誰が誰をターゲットにしたものだったのかと怪しんでしまうのですが。（中世なので証拠は乏しく、いろいろな説が存在しています）。

ただ、歴史の疑わしさに直面すると気が滅入ってしまうとはいえ、風刺画は基本的には楽しく愉快に眺めるものです。規模と宣伝の上手さから、「世界初のプロパガンダ大政党」と言って差し支えないドイツ社会民主党は、理論より娯楽性の追求に主眼をおいた風刺雑誌を作ることで、その勢力を拡大しました。

情報量や「真面目さ」の点で新聞に見劣りする風刺雑誌は、現在、格下のメディアとして位置付けられ、通常の研究対象から外されまくっているのですが、本当はその影響力は無視していいようなレベルのものではありません。ドイツ社会民主党の風刺雑誌『デア・ヴァーレ・ヤーコプ』の購読者数は、最も力が入れられた中央機関紙『フォアウェルツ』を常に倍ほど上回っていました。

風刺画は政治的主張であると共に、庶民が気軽に楽しめる値段の安いエンターテインメントでもあったからです。風刺画家たちは労働者から知識人まで、幅広い人々の本音をダイレクトにくみ取って、自由に過激に当時の生の空気感を力いっぱい反映させていたのです。

風刺画はもっと注目されていいと思います。

▲▼▲▼▲▼

このたび、ご監修をお引き受け下さった芝健介先生、どうもありがとうございました。ナチス研究者の中でも、ホロコーストやニュルンベルク裁判など、ナチスの最も暗く重い部分を中心にご研究されている先生に、ジョーク本のご監修など無理なお願いではないか……と、初め、心配していましたが、快く応じてくださり感謝の限りです。また、ご解説では存在すら知らなかったテオドーア・ホイスのエッセーや、『まっすぐの道』に関する事件など、多くの重要な風刺画関連情報をご紹介いただきまして勉強になりました。

ただ、読者さまに申し上げておきます。芝先生のご監修をお待ちしている間に、ドイツ史の専門家でもない若林が好きに書き足して、少々原稿を増やしてしまいました。確証のないことについては省いたつもりですが、万が一、変な記述があれば、先生の見落としではなく若林の付け足しです。（大丈夫のはずなのですが）。

また、芝先生のご解説に出てくる固有名詞と私の書く固有名詞がいくつも食い違っています。ドイツ語をできるだけ正確にカタカナ書きした記述を、先生に教えていただきましたが、前著などとの統一性の兼ね合いであえて直さなかったものです。例として、芝先生：アードルフ、ジンプリツィシムス、オスカル・ガルヴェンス、ヤコーブス・ベルゼン　若林：アドルフ、ジンプリチシムス、オスカー・ガーヴェンス、ヤコブス・ベルゼン等々です。どうぞ、ご容赦くださいませ。

では、風刺画本をシリーズ化してくださいました現代書館さま、菊地泰博社長さま、細かくチェックしてくださいました編集の原島康晴さま、綺麗な本に仕上げてくださいましたデザイナーの桜井雄一郎さま、多言語の風刺画の日本語訳をしてくださいました皆さま、ご親切にしていただきました京都国際マンガミュージアムの皆さま、ありがとうございます。

さらに、もうお一方、ブログ「独破戦線」のヴィトゲンシュタインさま、ご無沙汰致しておりますがお元気でしょうか？　数年前、まだ分量は少なかったものの、この本の基礎となる原稿のチェックや、面白い写真や風刺画やエピソードのご紹介をしてくださいましたね。使用させていただいております。先に「ロシア革命」が出てしまったので遅くなりましたが、どうもありがとうございました。

皆様のおかげでヒトラーの風刺画本が出せます。

翻訳本『ヒトラーをやじり倒せ――第三帝国のカリカチュア』と、伝記『アーサー・シイク――義憤のユダヤ絵師』をのぞけば、日本の書籍としては初めてではないかと思います。ナチス時代に精力的に活動した風刺画家たちも、再度、彼らの作品が蘇ることを喜んでくれるでしょう。

二〇二〇年五月

若林　悠

著者◉**若林 悠** WAKABAYASHI Yu

同志社大学文学部卒。風刺画収集家、研究家。特に戦争関連。風刺画に描かれた当時の認識と、現在の一般的な認識が、時に激しい隔たりを生じていることに注目し、本の執筆を思い立つ。また、風刺画には一枚絵のものに加えて、質の高いコマ割り漫画が100年以上前から存在したことも、世間に紹介したい。

著書『風刺画とアネクドートが描いたロシア革命』（現代書館）

監修者◉**芝 健介** SHIBA Kensuke

東京女子大学名誉教授。歴史学者。専門はドイツ現代史。

著書『ホロコースト』（中公新書）、『武装SS』（講談社選書メチエ）、『ニュルンベルク裁判』（岩波書店）。訳書『ファシズム時代のシオニズム』（法政大学出版局）など。

風刺画とジョークが描いたヒトラーの帝国

2020年6月15日　第1版第1刷発行

著者	若林 悠
監修者	芝 健介
発行者	菊地泰博
発行所	株式会社現代書館
	〒102-0072　東京都千代田区飯田橋3-2-5
	電話03-3221-1321　FAX03-3262-5906　振替00120-3-83725
	http://www.gendaishokan.co.jp/
編集	原島康晴
組版	エディマン
印刷所	平河工業社（本文）
	東光印刷所（カバー・表紙・帯・別丁扉）
製本所	鶴亀製本
ブックデザイン	桜井雄一郎（ロウバジェット）

©2020 WAKABAYASHI Yu Printed in Japan ISBN978-4-7684-5881-5
定価はカバーに表示してあります。乱丁・落丁本はおとりかえいたします。

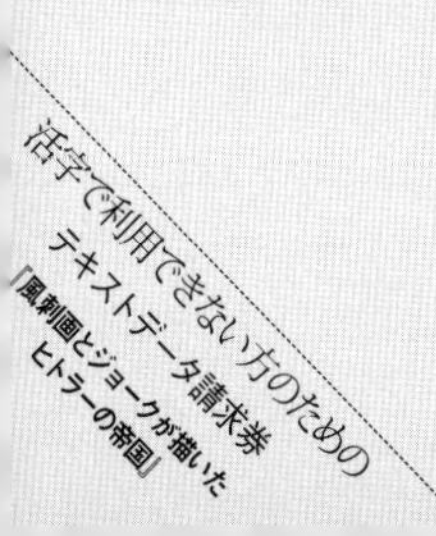

風刺画と世界の歴史シリーズ

風刺画とアネクドートが描いた ロシア革命

若林 悠 著／桑野 隆 監修

風刺画とアネクドート（ロシアンジョーク）を紹介しながら、レーニン以下古参ボルシェビキの権力闘争、社会主義国家の建設、トロツキー追放からスターリン批判まで、ロシア革命・新生ソヴィエトを読み解く空前の１冊。

定価 2200 円＋税　A5 判 並製　216 頁（カラー 24 頁）

ISBN978-4-7684-5813-6